格差と
分断／排除の
諸相を読む

林　拓也　田辺俊介　石田光規 編著

晃洋書房

格差と分断／排除の諸相を読む

目　　次

序章

「格差問題」と現代の日本社会

田辺俊介・林　拓也・石田光規

1　現代社会における「格差」

　人々の間にある「格差」は，特に近代以降，様々な社会問題や社会運動の原因，もしくは結果であり続けている。18世紀にはじまる市民革命は，世襲という形で生得的に決定されていた「身分」という格差を打破するものであった。19世紀から20世紀初頭に隆盛を極めた社会主義・共産主義運動は，資本家と労働者の間の格差への異議申し立てであったと言えよう。20世紀に盛んになる各種のフェミニズム運動は，男女／ジェンダー間の格差・不平等への異議申し立てであり，1960年代に一定の成果を得たアメリカの公民権運動などは人種間の格差の是正と見直しを迫るものである。

　21世紀の現在に至っても様々な格差は存在し続け，その一部にはむしろ拡大する傾向があることが指摘されている。たとえばトマ・ピケティは，経済的に一定の平等化を果たして「中間層」が社会の主流となったと考えられていた先進経済諸国において，経済成長率の鈍化を一因として所得や資産の格差が広がっている現状に警鐘を鳴らす［ピケティ 2014］。実際，1980年代からの新自由主義的な諸政策やグローバル化の影響からか，多くの先進諸国において所得の不平等な分配度合いを示すジニ係数の上昇が観察されている。また，性暴力やセクシュアル・ハラスメントの被害を受けていた女性たちが，自らの被害体験をSNSで発信して女性に対する様々な格差を告発した#MeToo運動，米国に

おける警官によるアフリカ系アメリカ人への虐待死亡事件をきっかけに広がり，構造的な人種差別を告発する運動となったブラックライブズマター（BLM）など，2010年代にも数々の格差を告発する社会運動が生まれ，世界的な広がりを示している。

　そのような社会的格差，その中でも特に経済的な格差に関して，日本は比較的平等な社会と考えられていた。1970年代に（特に経済面で）「先進国」の仲間入りを果たした日本社会では，「一億総中流」などという言葉が自己イメージとして語られており，その後しばらくの間，国際的に見ると比較的格差の小さい「平等な社会」と見なされていた。

　しかし1980年代以降，特に2000年代からは，経済的格差の（再）拡大を指摘する声が大きくなってきた（たとえば［神野・宮本編 2006］）。そのような議論の多くは，雇用の不安定化・非正規化，（特に子どもをもつ世帯における）貧困率の上昇など，様々な経済的側面の格差を問題視している。

　ただそもそも「平等」と見なされていた時代においても，日本社会には経済に還元しきれない各種の格差が存在していた。むしろ国民国家・（近代）家族・性別分業という，「近代化」において重要な機能を果たした諸現象に対して，その変化や機能低下などをもたらす「第二の近代」［ベックほか 1997など］への対応ができていない日本社会では，それらの現象と密接に関連する格差の状況が諸外国との比較において悪化しているともいえよう。

　たとえば，家族や性別分業と関わるジェンダー間の格差について，日本社会は完全に「後進国」となってきている。「女性活躍」を掲げた安倍政権であったが，ジェンダー間格差の大きさを示すジェンダーギャップ指数について，2015年の145カ国中101位から，最新の2021年では156カ国中120位と，むしろ後退している。あるいは「国民国家」との関連でいえば，日本に定住する外国人数はこの30年間で3倍に急増しているが，定住外国人とネイティブ国民の間の格差を示す指標とも考えられる移民統合政策指数（Migrant Integration Policy Index）の2020年の数値は指標参加52カ国中35位と，これまた世界的に見て低い位置に甘んじている。

　また前述の様々な格差は，人々のつながりや人脈，それに伴うサポートなどの質や量とも関連していることが指摘されている［石田 2018a］。それら人間関係は近年「ソーシャル・キャピタル」という概念でも語られるが，そのような形の「資本」の多寡という格差が，さらにそれ以外の社会的格差を生み出す要因ともなっている。そして，ソーシャル・キャピタルを持たないという「関係性の貧困」の状態に陥った人々の多くは，私的なサポートを得られないのみならず，公的な支援なども届きにくい。その究極的な結果の1つである「孤独死」などは，現代日本の格差問題の1つの極北とも言えよう。

　それでは，ここまで述べてきたような各種格差について，解消への動きは存在するのだろうか。民主主義国であるならば，様々な側面で排除された人々にも通常は選挙権がある。[1]よって，その政治的権利を適切に行使することで，大きすぎる格差の解消や自らの社会的排除状況を脱却するための政治を求めることも考えうる。歴史的にも，大きな経済的格差の解消を求めた社会主義・共産主義運動は，平等化のための福祉政策推進の主要なエージェントとなっていた。

　しかし21世紀の現代社会では世界的に見ても，むしろ排除を受ける人々ほど投票のような制度的な政治参加から，あるいはデモなどの制度外の政治参加とも縁遠い。一方，アメリカでは近年，政治献金の上限撤廃によって富裕層の金銭的影響力が青天井になった。そのようなアメリカは極端な一例ではあるが，多くの国々で基本的に社会的に恵まれた層の方が選挙などに行きやすく，政治的権利を行使しやすい傾向は長らく続いている［Lijphart 1997］。そのためもあってか，格差解消に向けた政治的な動きは世界的に見ても強いとは言いがたい。

　そんな中，先進諸国における政治運動の中でプレゼンスを高めているのは，社会的事実としては未だに各種社会的排除を受けている女性や少数民族・人種

1）ただしアメリカのように投票に登録が必要な国においては，選挙人登録手続きが可能か否かの段階で，人種・収入などの差別・格差も存在している。また日本でも，祖父の代から日本に住み，納税などの義務を果たす在日コリアンは，その「国籍」を理由に（国際的には外国籍者にも認める国が増えている）地方参政権すらない状況が続いている。

の人々，外国籍者などを「優遇されている」と非難し，旧来からの特権的な諸権利を男性・主要民族・国民という「我々」の手に取り戻そうとする動きである。具体的には，女性・イスラム教徒・移民への数々の蔑視・差別発言などを続けていたアメリカのトランプ前大統領や，外国籍者や移民の「排除」を高らかに主張しながら議席を伸ばす極右政党のような存在である。

　さらに2020年にはじまったコロナ禍により，各種の格差は拡大傾向にあると考えられる。コロナ禍においても人々の生活には欠かすことができないことから「エッセンシャルワーク」と呼ばれることとなった仕事の多くは，主に対面サービスを基本とするために，感染回避のために広がったリモートワークなどは不可能であり，その従事者は感染リスクを抱えながらも働く必要が生じている。たとえばその中に含まれる宅配業者やスーパーの店員などは，元々所得水準が高いとは言いがたいにも関わらず，感染リスクだけは引き受けさせられている。またコロナ禍や何度も発出される「緊急事態宣言」によって需要が激減した飲食・販売などのサービス業は，そもそも雇用が不安定な非正規労働者が多く，同時に日本では女性の従業比率が高い。また急増していた外国籍労働者の多くも，リーマンショックの時と同じく日本人の雇用を守るための調整弁とされ，その多くが失業状態に陥ったのである。

▼ 2 「格差」をつうじた排除と分断 ◢

　ここまで述べてきたような格差の拡大は，一定の人々をいわゆる「標準」からふるい落とし，社会的排除を顕在化させている。たとえば1990年代以降の日本社会において増大した非正規労働は，同時に低水準の労働対価のみに依存せざるをえない人々も数多く生み出した。そのような人々は，日本社会において「標準」とされたように結婚し，家族を形成することが困難であり，同時に地域や趣味の集まりなどの社会関係（ソーシャル・キャピタル）も貧弱である。橋本[2018]は，そのような人々が社会的に排除された階級，すなわち「アンダークラス」となってきていることを問題視している。さらに2000年代には，アン

ダークラスとされる人々に限らず，高齢者なども含めて孤立や孤独問題が広く議論されるようになっている。

　そのように様々な社会的場面において，日本社会における排除の問題はいっそう顕在化している。その背景には，各種の社会的属性（性別，国籍など）による「分断」が存在しており，（労働を含む）社会参加の場面で疎外されている層が一定数みられるのである。

　たとえば性別について，日本のジェンダーギャップ指数が2021年の値で156カ国中120位であることは先に述べたが，その低順位は主に経済面と政治面における不平等が原因である。経済面では，女性の労働参加率についてここ数年順調に上昇していたにも関わらず，得られる「仕事」の男女間における質的な差異が，賃金・待遇・役職などの大きなギャップの原因となっている。

　あるいは近年の世界で猛威をふるう排外主義やヘイトスピーチなどは，そもそも人々の間の国籍（ナショナリティ）の差異が，その根本の原因の1つと考えられる。元々「国民」という意識も18世紀まで遡れば，フランス革命の「自由・平等・同胞愛」という標語にしめされるように，「身分」から解放された平等な社会的地位を求める運動に端を発するものでもあった。しかし近年では，むしろ（同じ社会を構成する一員であるにも関わらず）移民や外国籍の労働者などを排除し，それ以外の主流国民の「特権」を正当化するためのロジックに使われている。

　それら各種格差に加え，主に学歴や職業からも生まれる経済的な格差は，結婚や子どもの育児や教育などの家族関係，あるいは周囲との人間関係などの生活全般における排除や分断ともつながっている。しかし，その社会的排除を是正しうる政治行動や意識などは，むしろ「上層」が政治に積極的に参加し，高い「意識」を持つことで自らの権益を守っているようにも思われる。

　そのような社会における格差の拡大は，社会的な排除のみならず，社会に分断や亀裂をももたらす。ヨーロッパ諸国にみられる極右政党の躍進と既存政党との対立，アメリカにおけるトランプ支持者と非支持者の間の対立の背後には，深刻な格差問題が横たわっていると考えられている。トランプ支持層の「ラス

トベルト」と，彼らの批判の矛先にある「エスタブリッシュメント」との対立の根底には，広がりゆく格差が存在すると考えられる。日本社会でも『分断社会・日本』［井手・松沢編 2016］という書名に見られるように，「分断」が議論の俎上に上っている。

▼ 3　本書で読み解く格差と分断／排除 ◢

　ここまで述べてきたような社会状況を背景に，近年「格差」という言葉は現代社会を語る際に，メディアを含めて多用されている。ただ同時に，その使用法や内容が論者によって大きく異なることから，不毛な論争になっていることも少なくない。実際，先述のような多様な格差の諸相について，実証的な現状把握がおざなりなまま，論者ごとの主張したい言説やイメージが先行しているきらいがある。また本来は格差が強く影響していると思われる社会問題が，別のフレーム（たとえば「男女間の意識の違い」，「民族的・宗教的対立」など）で語られることで，結果的に解決をむしろ遠のかせているような例も少なからず存在するだろう。

　そこで本書では，そのような社会における様々な格差について，社会学のもつ幅広い視点と手法を用いながら，質・量両面のデータ分析を通じて検討していく。社会学においては伝統的に，社会における格差は，主として「社会階層論」という分野で研究・分析されてきた。「社会的資源の不平等な分配状況」である社会階層は，社会学における最重要な研究テーマの 1 つであり，同時に格差に関する社会現象を説明する際に欠くことのできない視座であるからだ。

　上述の議論と一線を画し，本書では，職業や教育などの「社会階層論」において主流ともいえる対象のみならず，ジェンダーや国籍（ナショナリティ）に基づく格差，社会関係（ソーシャル・キャピタル）や政治参加あるいは「国民意識」などの格差も射程に含めている。

　もう少し大きくまとめると，社会における格差問題について，格差の形成要因と格差の影響という 2 つのテーマから論じた一冊である。また本書の特徴と

して，「社会階層と社会移動に関する全国調査（SSM）」や「日本版総合社会調査（JGSS）」など，階層研究において代表的に用いられる調査に限らず，著者らが独自に行った質的調査を含む様々な社会調査データを分析している。以上のような特徴によって本書は，類書よりも複合的・複眼的な視点に基づき，現代社会における格差と分断／排除の問題を実証的に論じることができていると考えている。以下，本書の概要である。

▼　4　本書の概要　◢

　本書の第Ⅰ部においては主として，格差に関わる社会的な属性について論じている。

　第1章ではまず社会階層研究の王道である，本人が選択不可能な出自・生まれが教育達成や職業獲得に対してどのように，どの程度影響を及ぼしているのかを，東アジア諸国の国際比較を通して検討している。具体的には，出自としての父親・母親の階層的地位が，その子としての本人が到達する学歴や職業的地位という階層的地位にどの程度影響しているのかを，古典的な地位達成モデルの枠組みに準じて，日本・韓国・台湾・中国で実施された社会調査のデータ分析を通して比較している。

　第2章では，現代社会において格差・不平等の構造と最も関係の深い社会的属性である職業に着目する。職業は本来，仕事内容に基づく区分を表すものであるが，それにより得られる報酬や生活に関わる機会の格差が生じていることはよく知られている。一方で，こうした職業の序列構造がどのような形となっているかは自明ではない。そこで，社会学の研究においては，いくつかの方法により序列的な地位を数量的に把握しようとする試みが展開されてきた。本章では，その測定方法の中で，地位序列に関する人々の意識の一致（合意）をベースとして測定する「評価的アプローチ」と，関係の分断（凝離）をベースとして測定する「関係的アプローチ」の2つについて検討していく。

　第3章では，ジェンダーという社会的属性による格差と分断について，主に

社会階層研究から得られてきた知見をふまえつつ論じる。日本社会はこの男女間の格差という問題について，前述のジェンダーギャップ指数に示されるように非常に立ち後れた状態となっている。不平等を扱う階層研究は，そうした実情に切り込むだけの蓄積を有しているが，このようなジェンダーを組み込んだ実証研究に取り組むにあたっては，方法論をめぐるいくつかの論点があり，本章ではそれらに関する研究のレビューを行う。具体的には，女性の階層的地位を測定する際に，その単位を女性個人とするのか世帯とするのか，前者の場合に，女性特有のライフコース要因をどのように考慮する必要があるのかといった点を掘り下げる。

　第4章では，日本社会における外国籍者と日本国籍者の間の，国籍（ナショナリティ）という社会的属性による格差について，主に学歴と職業の結びつきから検討している。そのような分析を通じて，基本的には生まれによって決まる属性でありながら一国内での格差を扱う議論では無視されがちで，特に日本では蓄積が少ないながらも実際には大きな格差の要因となっている「国籍」による格差について，特に中国籍住民の学歴と職業の結びつきを，日本国籍者と比較しながら考察する。

　第5章では，家族と格差について，主に教育達成（学歴の獲得）という局面に焦点を当てて論じる。家族は，主に婚姻と血縁によって結ばれる社会関係・集団のことを指すが，ある家庭に生まれ育つ子どもにとってのそれは「定位家族」と呼ばれる。成長過程におけるその親からの絶大な影響力を考慮すると，子ども本人の意思や努力とは別次元で格差の形成を強く規定する社会的環境という意味で，生まれながらにして与えられる社会的属性のひとつと位置づけられる。親のもつ経済的資源とその分配方法，学校教育に親和的な文化的環境や経験が家庭において用意されているか否か（文化的資源），親の地位を参照基準とした子の教育選択（合理的選択）に着目した論考を行う。

　第Ⅱ部では主に，様々な格差が人々の行動や意識にどのような影響を与えているのか，ということを実証的に示していく。その際，特に格差により生じた排除や分断をつなぎ止めるもの，もしくはその修復の機会となりうる対象に焦

点を当てる。

　第6章では，ネットワーク論の古典的仮説である「弱い紐帯の強み」仮説に着目する。「弱い紐帯」の機能は，これまで長らく議論されてきた。この機能を格差という点から読み解くと，格差拡大の道具，すなわち，地位達成のための人脈とみられる向きもあった。しかし，現代社会の実情に沿って弱い紐帯の機能を捉え直すと，弱い紐帯は格差化の被害者である排除者の包摂や分断の修復に寄与する側面をもつ。本章では，弱い紐帯の包摂機能について，事例をもとに検討していく。

　第7章は，育児をしている母親に焦点を当て，彼女たちが取り結ぶサポートネットワークの時系列的変化を追究している。格差には，経済的な側面のみならず，つながりの格差も存在する。つながりの格差が広がる中，母親たちは，自前で育児のサポートネットワークを形成することを求められる。本章は，国立社会保障・人口問題研究所が1993年から5年おきに実施している『全国家庭動向調査』データをもとに，母親のサポートネットワークの推移を明らかにしている。

　第8章では，政治のなかでも投票行動に焦点を当て，社会の分断と包摂について検討する。周知のように，アメリカやイギリスでは，投票行動（大統領選挙，EU離脱投票）をつうじた分断が生じている。本章では，2000年代の日本における人々の投票行動に着目し，日本社会でも同様の分断が生じていないのか，また，分断が生じているとしたらどのように乗り越えるべきか検討する。

　第9章では，「一国内」の国民の平等意識と関わるはずのナショナリズムが，現代社会では社会的格差とどのような関連にあるのかを議論する。初期のナショナリズムは（生まれに基づく）「身分」という大きな格差を解消し，「国民」の間の平等化を促すエージェントであった。しかし近年は，むしろ国民の間の様々な格差を隠蔽し，その不満のはけ口を国民の定義から外れる人々に向けさせる装置になっている，とも言われる。そこで国際比較の視点を含めながら，人々の抱くナショナリズムの類型と社会階層の関連を見ていくことで，特に現代日本社会におけるナショナリズムの格差に対する社会的機能を考察する。

　以上の９章にわたる分析・考察を通じて本書は，現代社会を読み解く際に不可欠な「社会階層」や「格差」の発生要因を明らかにすると同時に，様々な社会現象に対する「格差」の影響力の有無と強弱を実証的に論じた一冊となっている。

第 I 部

格差に関わる社会的属性

第 **1** 章

地位達成過程の国際比較
──2008年東アジア社会調査に基づく4カ国のデータ分析

中尾啓子（著）[1]

田辺俊介・林　拓也（訳）

▜ 1　地位達成過程の研究 ◢

　これまで数十年にわたる諸研究において，人々がどのように社会的地位を達成するかが探究されてきた。地位達成過程は，社会階層という研究領域の中で最も数多くの検討がなされてきた対象のひとつである。P. M. Blau と O. D. Duncan が1967年に発表した独創的な研究［Blau and Duncan 1967］以降，様々な国の多くの研究者がその分析に必要とされるデータを収集し，そのモデルを検証してきた。Blau らによるオリジナルの地位達成モデルは，個人の出自となる親の地位（出身階層）が，その個人の教育達成と初職を経て，現在の社会的地位へと至る影響の過程を実証的に描き出すものであった。その後多くの研究者が，各々の関心をもつ変数を加えつつ元のモデルを拡張した［Duncan, Featheman and Duncan 1972 など］。これらのモデルを検証することにより，以下のような問いに対する知見を得ることができる。第一の問いは，個々人の出自となる地位が彼／彼女の地位達成に対してどの程度の影響を及ぼすか，第二の問いは，個人の学歴が彼／彼女の現職の達成に対してどの程度の影響を及ぼすかである。これらの問いは，社会的不平等あるいは平等という非常に重要な概

1）本章は，中尾啓子が2017年アメリカ社会学会大会（American Sociological Association Annual Meeting 2017）で口頭報告した英文原稿をもとに，田辺俊介と林拓也が日本語に訳したものである。

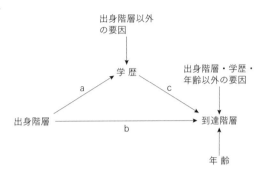

図1-1 分析モデル[Hout and DiPrete 2006]

念に連なるものである。これらはまた，ある社会における社会・文化的環境の
重要な側面を理解することにもつながる。

　Hout and DiPrete［2006］によると，これまでの諸研究から数々の経験的一
般化がなされているという。たとえば，(1)職業は基本的に，様々な国の間で
共通した地位の序列構造をもつ，(2)ジェンダーによる職業分離が存在する，
(3)学歴は上昇移動と階層再生産の双方の主因となる，といったことである。
さらに，社会移動には共通のパターンが存在する一方，国や時代によってその
程度が異なるとみられる。

　本研究の目的は，2008年東アジア社会調査（East Asian Social Survey：EASS）
から得られたデータを利用し，4つの東アジア社会における男性と女性に対し
て地位達成モデルを適用することにある。これにより，それぞれの国における
地位達成過程の動態を理解することの一助となるだろう。

　図1-1は，本章で行う地位達成の分析モデルを示したものである。これは，
Blau and Duncan［1967］によるオリジナルの地位達成モデルを模したもので
あり，Hout and DiPrete［2006］が示したものと同じである。この図において，
回答者の出自となる階層的地位は2つの変数として操作化されている。ひとつ
は父親の学歴，もうひとつは母親の学歴である（ともに教育年数で測定）。回答者
本人の学歴も同様に教育年数で測定しており，これを出身階層と到達階層を結
びつける変数と位置づける。到達階層は現職の地位によって表すこととし，国

際標準職業分類（International Standard Classification of Occupations：ISCO）に付与された職業威信スコアをその指標とする。また，回答者の年齢を統制変数として加える。

このモデルを用いて，本章で焦点を当てるいくつかの研究課題を示しておこう。(1) 調査対象である東アジアの4つの社会の男女において，この地位達成の一般モデルがどの程度適合するか。(2) 男性および女性の教育達成に対する出身階層の効果は，東アジアにおいて共通であるか。もしそうでない場合，どの程度の違いが見出されるのか。(3) 出身階層の影響とは別に，学歴が到達階層に及ぼす影響はどの程度であるか。そのパターンは，東アジア諸国の間で近似しているのか。

▼ 2　東アジア4カ国の背景──日本，韓国，台湾，中国 ◢

本研究で対象とする4つの国・社会は，地理的に近いというだけではなく，文化的にも数多くの共通点がある。特に儒教文化という伝統を共有していることは，教育が個人の成功を達成するための手段となるという信念にもつながる。一方で，経済が発展した時期には違いがあり，産業や職業の構造においても一定の違いがみられる。

以下では，地位達成過程を検討する際に重要であると思われる各国・社会の状況を簡潔に紹介しておこう。

日本：

東アジア諸国の中で，日本は最も早く経済発展を果たした。

男性の地位達成の経路は，第二次世界大戦後から近年に至るまでほぼ変わっておらず，出身階層から教育過程を経た後に初職に就き，就業を継続しつつ現在の職業に至るというものである。出身階層と到達階層との間には一定程度の強い関連がみられる。一方，女性の場合，年齢層別にみた就業率はM字型のパターンを示していた。既婚女性の労働力参加（labor force participation）は，

多くの場合，家計補助を目的としたものであり，20代から非正規雇用率が高まっていた。しかし現在では，女性が高等教育を受ける機会は拡大しており，多くの女性たちが結婚後も就業を継続するようになってきた。

韓国：

　韓国は近年，めざましい経済発展を果たした。教育機会も同様に急拡大した。就業構造としては，日本と比較すると自営業の比率が高い。また1990年代の後半から，非正規雇用者の数は増加を続けている。

　日本と同様に，男性にとっての地位達成の主要な経路は，父親の学歴の影響を受けつつ教育過程を経た後に，初職に就き現職に至るというものである。女性にとって，ジェンダーによる職域分離が非常に大きな影響をもち，日本と同じようにM字型の就業パターンが明確に見出せる。かつて高学歴女性の就業率は低かったものの，近年では就業を継続する人が増加していることが報告されている。韓国女性の教育達成と初職に対する出身階層の効果は，男性に比べて大きいとも言われている。

台湾：

　台湾はハイテク産業と金融工学産業においてめざましい発展を遂げた。長期雇用はあまり一般的ではなく，転職が非常に多い。また，自営業の比率も高い。

　男性の地位達成のパターンは日本や韓国と近似しているが，女性の場合は異なる。女性の就業率は上昇しており，その値は日本や韓国を上回る。また台湾ではM字型の就業パターンを見出すことができない。小・中規模の企業や自営業の数が多く，そこでの就業条件が既婚女性の就業継続につながっている。さらに男性・女性のどちらの場合でも，民族による差が散見される。

中国：

　中国は2000年代に入ってから経済発展を遂げた。高等教育の機会は1990年代より拡大し続けているが，出身階層の影響が維持されていることが，階層格差

に関する研究から明らかにされている。

　就業パターンや賃金に関するジェンダー格差は，日本や韓国ほど大きくない。女性たちは多くの場合，経済的に独立しているのである。また近年，女性の教育機会は特に都市部において急速に拡大した。しかしながら，中国社会はまさに転換期のさなかにあり，地位達成に関する研究を展開していくことは，特に有意義なものとなるだろう。

3　分析で使用するデータ

　表1‐1で示すのは，本章の分析で使用する2008年EASSに含まれる4つの社会調査の概要である。

表1‐1　EASS2008の調査デザイン

	日　本	韓　国	台　湾	中　国
調査名	Japanese General Social Surveys	Korean General Social Survey	Taiwan Social Change Survey	Chinese General Social Survey
組　織	大阪商業大学JGSS研究センター東京大学社会科学研究所	成均館大学社会調査研究センター	アカデミアシニカ社会学部門	香港科技大学社会調査研究センター中国人民大学社会学部
サンプリングデザイン	層化2段無作為抽出	層化3段無作為抽出	層化3段無作為抽出	層化4段無作為抽出
対象母集団	20歳から89歳	18歳以上	18歳以上	18歳以上
計画サンプルサイズ	4,003	2,500	4,601	6,300
有効サンプルサイズ	2,160	1,508	2,067	3,010
有効サンプル(20-69歳)	1,779	1,306	1,812	2,844

4　分析結果

　まず最初に，学歴（教育年数）と職業的地位（現職の職業威信）の平均値をまとめた図に基づき，4カ国の比較を行っていこう。

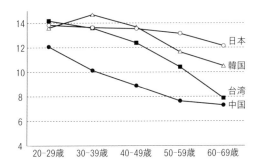

図1‒2 国・年齢層別，本人の教育年数の平均（男性）

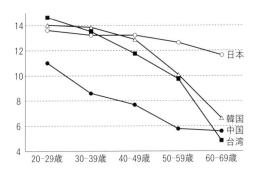

図1‒3 国・年齢層別，本人の教育年数の平均（女性）

4.1 教育達成

　図1‒2（男性）と図1‒3（女性）は，対象者の年齢層別の平均教育年数を各国ごとに示したものである。どの国においても共通して，高年層より若年層の方が平均的に高い教育レベルに到達している。4カ国の中では，男女ともに中国の回答者の教育レベルが最も低いことが確認できる。

4.2 職業達成

　図1‒4は，男女両性における教育と職業の間の関連について示したものである。中国を除くすべての国において，予想された関連パターンが観察された。つまり，学歴が高いほど職業的地位が高くなるという関連である。しかし中国

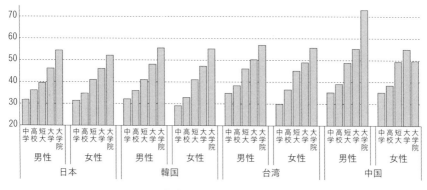

図 1‑4　国・教育レベル別，職業威信スコアの平均

　の女性の場合，そのパターンは必ずしもあてはまらない。大学卒までは，学歴
の上昇にしたがって職業威信の平均スコアが一貫して高まるのであるが，大学
院卒となるとそれより高い地位の職を得られるとは限らない。実際，大学院修
了レベルの中国人女性は，院に進学しなかった学部卒レベルの女性と比べて，
職業的地位の平均が低いのである。

4.3　教育達成の規定要因

　本項では，教育達成（本人の最終学歴）を規定する要因を検討する。表 1‑2
で示す回帰分析においては，従属変数として設定した本人の最終学歴レベル
（教育年数）を説明する独立変数として，モデル(1) では父親の学歴のみを，モデ
ル(2)では父親と母親学歴の両方を投入した。

　国ごとの特徴を見ていくと，日本の場合，モデル(1) において父学歴が強い効
果を示しているが，モデル(2) で母学歴を統制すると，父学歴の効果が弱まって
いる。台湾において父学歴の効果は男女ともに非常に強く，その効果は日本や
韓国，中国と比べても強いものであった。韓国と中国でも，日本・台湾と同様
に，本人の学歴は父親・母親双方の学歴の影響を受けていること，すなわち両
親の学歴が高いほど，その息子あるいは娘の教育達成レベルが高くなることが
確認された。中でも特筆すべきは，台湾の女性における親学歴の効果の強さで

表1-2　教育達成の規定要因：本人教育年数を従属変数とした回帰分析

男性

国	日　本		韓　国		台　湾		中　国	
モデル	(1)	(2)	(1)	(2)	(1)	(2)	(1)	(2)
父学歴	0.427***	0.232***	0.450***	0.334**	0.543***	0.398***	0.487***	0.312***
母学歴	—	0.226***	—	0.145**	—	0.194***	—	0.264***
調整済み R^2	0.182	0.214	0.201	0.204	0.298	0.310	0.236	0.275
N	648	634	564	548	873	872	1356	1356

独立変数の行の数値は，標準化回帰係数（β）
***$p<0.001$　**$p<0.01$　*$p<0.05$　+$p<0.10$

女性

国	日　本		韓　国		台　湾		中　国	
モデル	(1)	(2)	(1)	(2)	(1)	(2)	(1)	(2)
父学歴	0.491***	0.227***	0.576***	0.423***	0.623***	0.412***	0.509***	0.281***
母学歴	—	0.344***	—	0.208***	—	0.284***	—	0.350***
調整済み R^2	0.241	0.291	0.331	0.355	0.387	0.423	0.259	0.333
N	751	730	628	612	882	875	1485	1485

独立変数の行の数値は，標準化回帰係数（β）
***$p<0.001$　**$p<0.01$　*$p<0.05$　+$p<0.10$

ある。各国のモデル(1)を見ると，男性における父学歴の効果はすべての国で同程度であるが，いずれの場合も女性における効果の方が強い（父母両方の学歴を含めたモデル(2)の決定係数も同様）。いずれにせよ，父親の学歴は男性の教育達成に対してのみならず，女性の教育達成に対しても重要な役割を果たしているようである。

4.4　職業達成の規定要因

　次に，職業達成の分析を見ていこう（表1-3）。ここでの従属変数は，回答者本人の現在の職業上の地位であり，それを職業威信スコアで測定している。独立変数は父学歴，母学歴，そして本人の学歴と年齢である。なおモデル(1)では，母学歴を独立変数には含めていない。

　まず男性の職業達成について，モデル(1)に基づいて検討する。日本の男性

表1‑3　職業達成の規定要因：現職威信スコアを従属変数とした回帰分析

男性

国	日 本		韓 国		台 湾		中 国	
モデル	(1)	(2)	(1)	(2)	(1)	(2)	(1)	(2)
父学歴	0.095*	0.085	0.043	0.043	0.009	−0.020	0.047	0.044
母学歴	—	0.038	—	0.028	—	0.052	—	0.005
本人学歴	0.407***	0.407***	0.519***	0.502***	0.635***	0.634***	0.446***	0.445***
年　齢	0.141**	0.161**	0.086+	0.103*	0.266***	0.283***	0.217***	0.218***
調整済み R^2	0.192	0.199	0.268	0.258	0.326	0.327	0.177	0.176
N	552	538	449	434	680	679	1001	1001

独立変数の行の数値は，標準化回帰係数 (β)
***$p<0.001$　**$p<0.01$　*$p<0.05$　+$p<0.10$

女性

国	日 本		韓 国		台 湾		中 国	
モデル	(1)	(2)	(1)	(2)	(1)	(2)	(1)	(2)
父学歴	0.151**	0.124+	0.063	0.039	0.020	0.022	0.048	0.009
母学歴	—	0.052	—	0.040	—	0.000	—	0.096
本人学歴	0.422***	0.419***	0.574***	0.564***	0.677***	0.677***	0.318***	0.291***
年　齢	0.095*	0.100*	0.016	0.019	0.168***	0.167***	0.107**	0.122**
調整済み R^2	0.227	0.234	0.355	0.350	0.387	0.387	0.091	0.094
N	463	453	323	312	587	585	872	872

独立変数の行の数値は，標準化回帰係数 (β)
***$p<0.001$　**$p<0.01$　*$p<0.05$　+$p<0.10$

の場合，本人学歴の効果が強く現れている。父学歴の効果は弱いものの，5％水準で統計的に有意である。年齢の効果も弱いが，1％水準で有意であった。韓国の男性の場合，本人学歴の効果は日本の男性におけるそれと比べて強いものであった。一方，父学歴の効果は統計的に有意ではなかった。台湾の男性の場合，本人学歴の効果は非常に強く，年齢の効果も一定の強さを示す。調整済み決定係数を見てみると，4つの社会の中で最も説明力が高いことがわかる。中国の男性の場合，本人学歴の効果と年齢の効果が強い。しかし，調整済み決定係数を見ると，モデルの説明力が相対的に低く現れている。

　次に，女性の職業達成を確認する。日本の女性の場合，本人学歴の効果は強く，父学歴の効果もこれに次ぐ（モデル(1)では1％水準，モデル(2)では10％水準で統

計的に有意）。父学歴については，日本だけが有意な効果を示していた。韓国の女性の場合，本人学歴の効果は日本の場合よりも強い。しかし，父学歴の効果は統計的に有意ではなかった。台湾の女性の場合，本人学歴の効果は他のどの国よりも強く現れていた。また，年齢の効果も強い。男性の場合と同様，これら独立変数による説明力は高いものであった。中国の女性の場合，本人学歴および年齢の効果が有意であったが，調整済み決定係数が低く，説明力が高いとは言えない。

4.5　職業達成の主要な経路

　ここからは，図1‒5に基づき，4つの国における地位達成の主要な経路（path）を比較していこう。先の図1‒1に示した経路aに相当する父学歴・母学歴から本人学歴への効果を見てみると，男性の場合，いずれの国においても父学歴の効果が母学歴の効果を上回っており，また父学歴の効果が最も強いのは台湾であることがわかる。教育レベルの高い父親を持つことが，その息子が高い教育達成を果たすために重要であることを示す結果と言えよう。ただし，4カ国の中で，日本はその影響が最も弱いものであり，母学歴の効果とほぼ同等であった。女性の場合，韓国と台湾においては，男性と同様，父学歴の効果が母学歴の効果を上回っていたが，日本と中国においては母学歴の効果の方が強く現れていた。

　図1‒1の経路bに相当する両親学歴から現職への効果を見ると，ほとんどの場合，有意な効果を示していないことがわかる。唯一の例外として，日本の女性の場合にのみ父学歴の効果が検出された。上述のように，父学歴は日本の女性の教育達成に対して（母学歴と比べて）弱い効果を示すにとどまるが，教育達成後の職業達成に対しても継続して効果をもつ点は興味深い。

　現職に対して直接的に最も強い効果を示すのは，図1‒1の経路cに相当する本人学歴であり，このことはすべての国において共通していた。4カ国を比較すると，台湾においてその効果が最も強く（男性0.634／女性0.677），韓国がそれに続く（男性0.502／女性0.564）。効果が最も弱いのは，男性の場合は日本

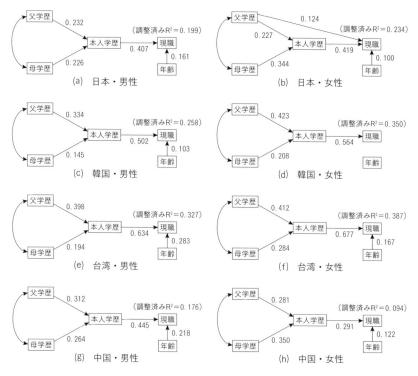

図 1 - 5　地位達成のパス図

※統計的に有意なパスのみ表示。

(0.407)，女性の場合は中国（0.291）であった。

　調整済み決定係数については，台湾において最も高く（モデル(2)では男性0.327／女性0.387），韓国（男性0.258／女性0.350），日本（男性0.199／女性0.234）がこれに続く。中国は最も低かった（男性0.176／女性0.094）。

5　地位達成過程に関する社会的文脈

　東アジアの４つの社会において地位達成過程は非常に近似したものであった。一方で，そこで観察されたいくつかの差異は，それぞれの社会の状況を反映し

たものであることが推察される。まず，職業達成に対する本人の学歴の効果は，台湾と韓国において強かった。特に台湾の女性に見られる影響は，その社会における女性の上昇移動機会の向上［Yu 2009］とも関連していることだろう。日本においても確かに本人の学歴は重要な役割を果たしているが，教育達成に対しては出身階層が一定の影響を及ぼしてもいる。中国も，日本と同じような達成過程を示しているが，規定要因による説明力は相対的に低かった。中国は急激な社会変動のさなかにあり，地位達成過程が将来的にどのように変化していくのかを検討することが今後に残された課題となろう。

　1976年にドーアは「後発効果（the late development effect）」と呼ばれる仮説を提示した［ドーア 2008］。その仮説は，産業化が後発であるほど，個人の成功において教育資格（educational credentials）が重要になっていくと主張したものである。産業化がすすんだ時期に関して，本章で分析対象とした諸国の中では，最初に日本において進展し，韓国，台湾と続き，そして最後に中国が産業化を果たした。とはいえ，学歴のもつ効果はこの順とはなっていない。その効果は，台湾，韓国の順に強く現れた。そして，学歴の効果が最も弱いのは，男性の場合には日本，女性の場合には中国であった。このように，ドーアの仮説は本章で行った分析では十分には支持されなかった。ただしこの点については，統制すべき他の変数（たとえば親の職業）が含まれていないこともあり，今後の研究において検討すべき課題であろう。

　人々が地位を達成していく過程には，本章で取り上げた以外の様々な要因が関与している。そのうちのいくつかは，特定の社会・文化的な文脈に依存する可能性がある。たとえば，戦争などのような歴史的出来事の影響は国ごとに異なるであろう。このような社会・文化依存的な要因が個々人の生活機会（life chances）に影響を及ぼしていたことは，想像に難くないと思われる。

Acknowledgement（謝辞）
East Asian Social Survey (EASS) is based on Chinese General Social Survey (CGSS), Japanese General Social Surveys (JGSS), Korean General Social

Survey (KGSS), and Taiwan Social Change Survey (TSCS), and distributed by the EASSDA.

第 **2** 章

職業の序列構造を捉えるアプローチ
——評価的／関係的アプローチに着目して

林　拓也

▼ 1　職業を指標とする不平等尺度 ◢

　社会の中に数多く存在する職業の種類は，仕事内容の違いによる区分にとどまるものではなく，そこには重要な社会的な意味が含まれている。職業によって所得の違いが生じたり，生活や人生におけるさまざまな機会が異なるなど，不平等構造の中核をなす要素として位置づけられてきた。ただし，職業それ自体はあらかじめ序列化されているわけではないため，職業の間に格差・不平等が存在するとしても，その構造を明示化するには，何らかの基準・方法を通して職業の地位の高―低を測定する必要がある。不平等指標としての職業の序列性を数量的な尺度として測定するための方法は，特性的アプローチ／評価的アプローチ／関係的アプローチの 3 つに大別することができる[1]。第一の特性的アプローチとは，経済的な報酬（所得）や必要とされる技能など，仕事にともなう外形的特性に基づいて測定する方法である。これに相当する尺度として，職業ごとの収入および学歴の構成からスコアを推定する「社会経済指標（socio-economic index: SEI）」[Ganzeboom et al. 1992]，仕事遂行に際して，情報処理・対人関係処理・対物処理に関する機能が労働者にどれほど複雑な判断を要求するかを，職業を単位として推定した「仕事複雑性尺度」[長松ほか 2009] な

---

1) 数量ではなく，カテゴリー区分に基づく尺度（階級分類など）として用いられることも多いが，本稿では省略する。

どがある。このアプローチは，測定のための詳しい手続きは別として，直感的には理解しやすいように思われる。すなわち，仕事に付随する報酬や技能の高さにしたがって，職業が序列化されているという理解である。

　しかし，それらの報酬や技能がどの程度高いものであるかは自動的に定まるものではなく，その社会や組織を構成する人々の間の反復的な相互行為やコミュニケーションを通して制度化され，定着・変容するという特質をもつ。言い換えると，「社会的に構成される」ものと言える。職業の尺度化を行うにあたって，このような特質をより意識的に反映させているのが，他の2つのアプローチである。第二の評価的アプローチとは，社会における人々が，それぞれの職業に対して与える評価の高さに基づいて測定する方法であり，職業の序列に関して，社会における人々の評価の一致性をそのベースと位置づける。これは，職業評価に関する「合意（consensus）」と呼ばれる。第三の関係的アプローチとは，職業に従事する人々同士の関係の多寡（結合量）に基づいて測定する方法であり，職業間の関係の「凝離（segregation）」をそのベースと位置づける[2]。

　本章では，上述の2つのアプローチに焦点を当てつつ，それらの研究の体系とそのアプローチに基づいて測定された尺度について解説していく。

▼ 2　評価的アプローチに基づく職業威信尺度──「合意」ベースの序列 ◢

2.1　評価的アプローチ

　ある職業が他の職業と比べて高い報酬を得ているのは，その職業従事者の遂行する仕事が社会において重要な機能を果たしているという認識を，社会を構成する人々が共有し，合意しているためである──「機能主義的」階層論は，職業の不平等構造が存立する要件をこのような形で説明する［Davis and Moore 1945 など］。この理論視角に準拠しつつ，職業の地位を人々の評価の高さに基づく数量的尺度として測定したのが「職業威信（occupational prestige）」である。

---

2)「結合」と「分離」が併存する状態を指す。すなわち，特定の職業同士が結合し，それがグループを構成するとともに，別の職業グループとは分離する状態である。

その測定のための本格的な調査研究は，1947年にアメリカ National Opinion Research Center（NORC）においてノース（C. North）とハット（P. Hatt）の主導のもとで実施され，90職業それぞれに対して 5 段階の地位評価を回答者に求めた［Reiss 1961］。評価値を 0 〜100に変換した上で，その平均をとった値が「職業威信スコア」であり，職業の地位が一次元上の得点として序列づけられることを可能にした。

　これを嚆矢として，威信スコアのアップデート［Nakao and Treas 1994 など］，国際標準スコアの開発［Treiman 1977］が行われた。日本においても，社会階層と社会移動（SSM）全国調査［直井 1979；都築編 1998など］をはじめ，中尾編［2003］，元治編［2018］による調査が実施され，その尺度の妥当性・信頼性・安定性などが詳細に検討されてきた。具体的に，調査の回答者が様々な職業の地位の高／低を評価するとき，職業に関するどのような特性を重視しているのか，異なる時点で測定された威信スコアを比較し，それがどの程度安定／変動しているのか，異なる国を対象として測定されたスコアの間でどの程度の共通性が見られるのか，といったものである。

2.2 「合意」の検討

　これらの中でも，人々の「合意」に関わる検討に焦点を当ててみよう。そのひとつは，評価を行う人々の属性が異なっても，評価結果である職業の序列構造がほぼ共通するという知見である。具体的に，性別・年齢・職業・学歴・地域ごとに属性を分割した上で，それぞれの下位集団ごとの威信スコアを算出し比較すると，いずれの場合でも，その相関は0.9を超えていたのである［直井1979；元治・都築 1998；元治編 2018］。もうひとつは，このような評価の一致性について，評価者個人レベルを単位として行った検討である。太郎丸［2000］は，評価者単位の相関の平均はおよそ0.5であることを報告しており，集団レベルで見た場合と比べると，ゆるやかな一致にとどまることを述べた。一方，Nakao［2008］は，人々の間で「合意」されている程度が高い主成分を抽出したところ，最も説明力の高い成分が威信スコアの序列構造と一致すること，ま

たその説明力が他の主成分と比べて突出して高いことを明らかにした。

　以上のように，職業威信スコアは，単に「人々の評価の平均」というだけにとどまるものではなく，その評価において人々が「合意」している成分であること，また評価者の社会的属性に関わらずその評価が共通することから，地位の序列に関する人々の認識は，かなりの程度頑健な集合意識（collective conscience）と考えることができる。[3]

▼ 3　社会関係に潜む不平等性 ◢

3.1　同類結合のモデル

　もうひとつの関係的アプローチを論じるに先立って，人々が取り結ぶ社会関係に不平等性が潜在していることを確かめてみよう。その際にキーとなるのは，人々が自分と同じような属性・地位の相手と結びつく傾向にあるという「同類結合（homophily）」である。このような同類結合は，不平等構造を強化し，その再生産を促進する可能性を秘めている。同一の職業集団としてのまとまりが，仕事の場面だけに限らず，家族・友人といった私生活上の親しい絆を通して促されることにより，人はその集団にとどまろうとする動機が強まることが予想されるからである。同類結合という場合，「同一の属性」をもつ相手との結合だけでなく，「近似する属性」をもつ相手ほど結合しやすいという含意もある。職業を指標とする場合，自身と遠い地位に位置する相手よりも，近い地位の相手と結びつきやすいことが予想される。

　このことをふまえた上で，職業的地位と人々の間の結合がどのように連動しているのかについてモデル化を試みる。図2-1で示す2種類のモデルでは，仮想の6職業（A-Ⅰ〜C-Ⅳ）について，A／B／Cは職業区分を表し，Ⅰ／Ⅱ／Ⅲ／Ⅳは地位の序列を表すとする。また，表中の数値は職業間の結合の強弱

---

3) 序列構造に関する評価の共通性が高いこととは別に，評価者の属性グループ内部の「合意」の程度に関して，属性ごとにいくらかの違いがあることも指摘されている［Nakao 2008］。

	A		B		C	
	I	II	II	III	III	IV
A-I	2	2	1	1	1	1
A-II	2	2	1	1	1	1
B-II	1	1	2	2	1	1
B-III	1	1	2	2	1	1
C-III	1	1	1	1	2	2
C-IV	1	1	1	1	2	2

(a)　同職結合モデル

	A		B		C	
	I	II	II	III	III	IV
A-I	4	3	3	2	2	1
A-II	3	4	4	3	3	2
B-II	3	4	4	3	3	2
B-III	2	3	3	4	4	3
C-III	2	3	3	4	4	3
C-IV	1	2	2	3	3	4

(b)　序列結合モデル

図 2 - 1　想定される職業結合のモデル

であり，値が高いほど結合が強いことを表す。図 2 - 1 (a)は，同じ職業区分に属する相手との結びつきが，異なる職業区分の相手との結びつきよりも強いことを想定したモデルであり，このパターンを「同職結合」と呼ぶ。この場合，職業の地位による序列が必ずしも反映されるとは限らない。図 2 - 1 (b)は，職業が同一区分であるかどうかに限らず，地位のより近い（遠い）相手ほど結びつきが段階的に強く（弱く）なることを想定したモデルであり，このパターンを「序列結合」と呼ぶ。これは，同職結合をその一部に含みつつ（図中の対角組み合わせ），地位による序列がダイレクトに反映されているパターンである。

3.2　実データの分析結果

　以上のモデルで想定されるパターンが，現実社会においてどのように現れているかについて，実データの分析から確かめてみよう。使用するデータは，2013年に Web を通して実施された「職業イメージに関する調査」から得られたものである（詳細は林［2019］参照）。その調査では，家族・親族・友人を含む「親しい人」がどのような職業に就いているか（あるいは，過去に就いていたか）を，「地位想起法（position generator）」により質問している。地位想起法とは，調査において特定の地位・属性（職業など）をリストとして提示した上で，それぞれに該当する相手とのつながりの有無を尋ねる質問法のことである［Lin and Dumin 1986；Lin et al. 2001］。それにより，人々が有する社会関係全体の中で，特定の職業に就いている知人が含まれるか否かを過不足なく捉えることが

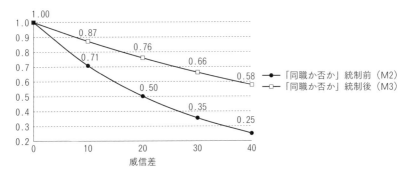

図2-2 威信差による結合機会の推定値

データ：職業イメージに関する調査（2013年，Web調査）
威信差0における結合を1とした場合の比

可能となる。この調査では，職業大分類に準拠する9種類の職業名（「専門
職」・「事務職」など）を提示した。

「同職結合」モデルを想定した分析によると，同じ職業区分の相手と結びつ
く機会は，異なるそれの4.85倍であると推定された（詳しい分析結果は【付表1】
を参照）。また，「序列結合」モデルを想定した分析によると，相手の職業との
威信が10ポイント異なるごとに，結合機会が0.71倍となる（29％ずつ減少する）
と推定された。ただし，これらの両モデルに基づく結果は独立とは言えず，た
とえば威信差が小さい（大きい）職業同士で結びつきが強い（弱い）のは，それ
らが同じ（異なる）職業区分であることによる可能性が考えられる。

そこで，2つのモデルで用いた変数（同職か否か，威信差）を同時に投入した
ところ，次のような結果が得られた。すなわち，ある職業同士が同じ職業区分
である場合の結合機会は，区分が異なる場合の4.3倍であること，また威信が
10ポイント異なるごとに，結合機会が0.87倍となる（13％ずつ減少する）ことで
ある。後者について，その威信差に同職結合を含む推定（序列結合モデル）と比
べると，その減少幅が小さくなっていることが確認できる。図2-2によると，
たとえば威信差が40ポイントである場合，同職結合をその中に含む序列結合モ
デル（図中「統制前（M2)」）では，結合機会は0.25倍（75％減）にまで低下してい

たが，同職結合の影響を除去すると（図中「統制後（M3）」），結合機会は0.58倍
（42%減）にとどまる。このことから，序列結合モデルにおいて推定された結合
機会の違いには，同職結合による影響が多く含まれていたことが示唆され，そ
の影響を除いた場合，威信の差による結合機会の違いは緩やかになることがわ
かる。

　以上は，職業威信を「地位」の指標とした場合の結果であるが，異なる「地
位」の序列が存在する場合は，その「地位」による結合機会の差がより大きく
現れる可能性もある。次節で解説する関係的アプローチは，それが最大となる
ように「地位」の序列を推定する方法を採用する。言い換えると，結合機会の
違いの主成分を「地位」とみなすアプローチである。

4　関係的アプローチに基づく社会的距離尺度——「凝離」ベースの序列

4.1　関係的アプローチ

　人々の社会関係に，地位の序列に関する「同類結合」が反映しているとした
ら，すなわち，地位が近い職業に従事している者同士の結びつきが多く，地位
が遠い職業に従事している者同士の結びつきが少ないという「凝離」が想定さ
れるとしたら，その関係構造そのものに地位の序列が潜在しているので，分析
を通してその序列構造を表す軸を導出できる——この考え方に基づき，職業間
の「社会的距離（social distance）」を表す尺度を構成する方法を，関係的アプロー
チと呼ぶ。その源流は，Laumann［1966］が行った調査研究にあり，それを発
展させ体系化したのが，ケンブリッジ・グループと呼ばれる研究者集団である
［Stewart et al. 1980；Lambert et al. 2012；Lambert and Griffiths 2018］。[4]

　このアプローチでは，職業間の結合量の多寡を表すマトリックス形式のデー
タが必要とされ，その多寡に応じて地位の遠—近が推定される。仮に，その
データにおいて，図2-3（左図）のように威信で測定される地位（Ⅰ／Ⅱ／Ⅲ／

4）職業の社会的距離尺度については，林［2019］によるまとめを参照。

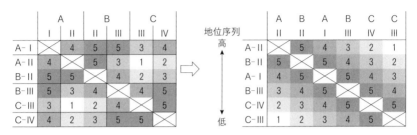

図 2 - 3　関係的アプローチに基づく地位序列の測定

Ⅳ）の序列とは必ずしも整合しない凝離のパターンが得られたとする（なお，×印を付した同一職の結合は「対角」と呼ばれ，分析から除外される）。たとえば，最も威信の高いA‐Ⅰとの結びつきは，威信の近いA‐Ⅱ（値4）よりも威信が2段階異なるB‐Ⅲの方が強く（値5），また最も威信の低いC‐Ⅳとの結びつきがA‐Ⅱと同等で（値4），C‐Ⅲとの結びつきはそれより弱い（値3）。他のパターンも含め，結合量の多寡に応じて序列を並べ替えたのが右図である。そこでは，A‐ⅡとC‐Ⅲの距離が最も遠く（値1），それらを両極として，結合量が多いペアが近い地位に，少ないペアが遠い地位になるように配置される。

　ただし，データに現れる凝離のパターンには，地位の序列だけでなく，同じ職場であることによる結合（医師―看護師など）や，ジェンダーのような他の属性による結合が混在している可能性が考えられる。そこで，凝離のパターンを構成する主要な軸を，次元分解的な分析手法（対応分析，MDSなど）を通して析出する。析出されたそれぞれの軸上で分化する職業の位置は，ある特性についての距離の遠―近を表し，その中の特定の軸が地位の高―低の分化を表すと解釈された場合，その軸上の各職業の位置を表す値が，関係的アプローチにおける「地位」スコアとみなされる。

4.2　どの「関係」に着目するか

　社会調査を通して職業間の社会的距離のデータを収集する際には，どのような関係を有する相手との結合を対象とするかが特定される。最も同類結合が生じやすいのは，同僚や取引相手など仕事上の関係であることは容易に想像でき

るが，それは労働の局面における不平等な関係性を表す社会階級（social class）
に集約されうる［Chan and Goldthorpe 2007］。関係的アプローチで着目するのは，
家族や友人など私生活において親密に結ばれる関係性であり，その理由は，不
平等性を含む職業間の凝離パターンが，本来の活動（労働）の場を離れてもな
お現れていることを重視するからである。

　このアプローチを牽引する先述のケンブリッジ・グループが主に対象とする
のは，配偶関係に基づく職業結合である。夫職業─妻職業の組み合わせから構
成されるマトリックス形式の分割表データを利用し，仕事上の関係にあると推
測される組み合わせ（対角または疑似対角と言う）を除外した上で，対応分析また
は対数乗法モデルにより階層的不平等を表す 1 つの次元軸を抽出する［Lam-
bert and Griffiths 2018］。その次元軸における職業の位置を表すスコアを，彼ら
は「ケンブリッジ社会的相互作用階層尺度（Cambridge social interaction and
stratification scale：CAMSIS）」と呼ぶ。日本でも近年，Fujihara［2020］が，就業
構造基本調査から得られた夫妻の職業組み合わせデータを利用し，CAMSIS
に準じた方法に基づいて，「日本版社会的地位指標（Japanese social status index：
JSSI）」を測定している。配偶関係に基づく職業結合は，行政などによる公的
データとして整備されていることが多いため，細分された職業カテゴリーを採
用した大規模データとして得やすく，様々な社会（国・時代）を対象とした尺
度が開発されている［Lambert 2018 など］。また，国際比較調査データに基づく
分析を通して，国際標準スコアも提案されている［Meraviglia et al. 2016］。

　友人関係に基づく結合を対象とすることにより，労働の局面における階級と
の対比が明確になることを強調したのが，Chan and Goldthorpe［2004, 2007］
である。彼らが捉えようとするのは，ウェーバー（M. Weber）が提起した「ス
テータス（status）」の序列的分化であり，その基盤は消費の局面で行動を共に
する私生活における交友関係に置かれる。友人関係に焦点を当てるのは，その
絆に反復性があり，選択の自由度が高いこと，また「純粋」な交流相手との間
には，平等な関係が結ばれていること（言い換えると，交流のない相手とは地位が異
なること）が想定されるためである。一見すると，この特質は，同じように私

生活の局面で結ばれる配偶関係にも当てはまるように思えるかもしれないが，それはいったん婚姻関係を結ぶと，友人関係と比べて継続性が高く，その都度ごとに関係を選択することはない。また，ある個人とその配偶者の職業が同等の地位であるという前提は必ずしも成立しないと考えるのである。

　親子関係に基づく結合を対象として，そこから析出される主軸を「地位」尺度とみなす研究もある。Rytina［1992］は，それを「対称的世代間連続性尺度（symmetric scaling of intergenerational continuity：SSIC）」と呼び，親子間の世代間職業継承の強さを的確に表すのに有効な指標と位置づけた。日本でも同様の試みが，近藤［2006］によってなされ，親の職業から子の教育を経て子の職業へと至る影響関係について，他の職業的地位尺度を指標とした場合との比較検討が行われた。彼らの研究の視点は，親職業―子職業という因果関係を前提とした，従来の階層研究における「機会の不平等」の文脈に則るものであるが，関係的アプローチの視点からは別の見方も可能である。それは，子どもにとっての親は，社会関係を有する知人（ネットワーク・メンバー）の 1 人として数えられる対象であるという見方である。この観点に立つと，親（の職業）は，地位達成の出発点としての出身階層ではなく，先述の配偶者や友人と同じように，ある個人が（現時点で）保有する関係の網の目を構成するひとつの要素と位置づけられる。

4.3　職業威信尺度との対応

　職業の序列的な構造を反映した尺度を測定するという共通の目的をもちつつも，評価的アプローチ／関係的アプローチという異なる観点から測定された地位尺度は，どのように対応しているのだろうか。日本のデータに基づいて検討するために，評価的アプローチの尺度として元治編［2018］による2016年版職業威信スコア（以下，"JOP"），関係的アプローチの尺度として Fujihara［2020］による日本版社会的地位指標（以下，"JSSI"）を用いて，両者の分布を示したのが図 2 - 4 である。両者の相関係数は0.670で，ある程度の一致性が認められる。たとえば，職業大分類で専門・技術職（図中の記号B）に含まれるいくつかの職

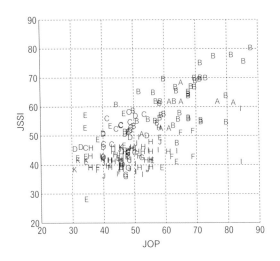

図 2 - 4　職業威信スコア（JOP）と日本版社会的地位指標
　　　　　（JSSI）の散布図

※ A ～ K は，以下に示す国勢調査職業大分類に含まれる職業であるこ
　とを示す。
　A 管理職／ B 専門・技術職／ C 事務職／ D 販売職／ E サービス職／
　F 保安職／ G 農林漁業／ H 生産工程／ I 輸送・機械運転／ J 建設・
　採掘／ K 運搬・清掃・包装等

業は，JOP・JSSI ともに高く，マニュアル労働に従事する職業（E, H, J, K
など）の一部は，両尺度とも低いスコアを示している。
　一方，いくつかの職業では異なる傾向が見られる。図中右下に位置する，輸
送・機械運転（I）に含まれる職業のひとつ「船舶機関長・機関士」は，JOP
は高いものの，JSSI は低い値を示す。つまり，人々からの平均的な評価は高
いが，社会関係（この場合は配偶関係）から見た場合は，低い地位の相手と結び
つきやすいという違いが示唆されるのである。これほど極端ではないものの，
同じ輸送・機械運転（I）に含まれる他の職業「航空機操縦士・航空士・航空
機関士」，専門・技術職（B）に含まれる職業の一部（「職業スポーツ家」など），管
理職（A）に含まれる職業の一部（「会社役員」など）も，JOP ほどには JSSI の
値は高くはない。逆に，JOP は低いものの，それと比して JSSI が高い職業も
見出せる（サービス職 E に含まれる「その他の個人サービス職業従事者」，「その他のサー

ビス職業従事者」など）。

　ここまで論じてきたように，評価的アプローチは人々の「合意」をベースとし，関係的アプローチは人々の「凝離」をベースとした職業の序列を表すものであるため，両者が一致する必然性はない。このように異なる社会観をベースとしているにも関わらず，職業の序列に関する共通の構造が存在することは，あらためて強調するに値するだろう。他方で，両者の間に差異が見出せる職業も散見される。その場合は，関係的アプローチが想定する「同類結合」の作用が弱いこと，すなわち，人々の間で「合意」されている地位（威信）が近似する相手と結びつくとは限らないということが示唆される。

▼ 5　関係の不平等構造と「分断」を捉えるために ◢

　評価的アプローチに立脚した職業威信スコアは，地位を表す尺度として，枚挙に暇がないほど数多くの研究に応用されてきた。これに対して，関係的アプローチに基づく尺度を用いた応用研究は，その数こそ少ないものの，他の職業指標（階級区分，威信スコアなど）と比べた場合の有効性が指摘されることもある。具体的には，文化的活動・消費や政治意識・階層意識に対する影響が相対的に大きいことが確かめられている［Chan and Goldthorpe 2007；Fujihara 2020 など］。このことは，関係的アプローチが，不平等に関わる現象のいくつかを説明するのに有益な視点を提供できることを示唆する。

　一方で，関係的アプローチに基づいて測定される職業の地位尺度に対しては，いくつかの課題もある。第一に，その尺度を社会階層上の地位とみなすことへの疑義が挙げられる［Grusky and Van Rompaey 1992 など］。すでに述べたように，この尺度は，社会関係における結合量に基づく社会的距離データに基づき，それを説明する主軸を析出した後，それらの中で，一方の極に高い地位の職業が，他方の極に低い地位の職業がそれぞれ位置すると研究者が解釈した軸を事後的に特定した結果である。そのため，この尺度が，真に不平等な地位分化を表しているのかについては，議論の余地が残る。この論点に関しては，先述のよう

に，当該尺度がいくつかの不平等の現象と関連することにより，その妥当性が主張されることがある。このとき，なぜ特定の現象（文化的活動など）に対して有効であり，他の現象に対してはそうでないのかを説明するような，体系化された理論枠組みを要するだろう。

　第二に，単一の関係性に限定したデータに依拠することについてである。先述のように，研究ごとに配偶関係・友人関係・親子関係などに特化した上で，回答者の職業×ネットワークメンバーのうち 1 名の職業という一対一のマトリックス・データに基づく測定を行っているが，このような扱いについては，データの網羅性という観点から 2 つの問題が指摘される。ひとつは，人々の生活世界を構成する社会関係が，単一の関係性だけで把握できるものではないという点である。たとえば，配偶関係のみで見た場合に，ある職業同士の結合量が少ないとしても，他の関係（他の家族や友人など）において，その結合が補完されているかもしれない。このような場合に，単一の関係性に限定すると，関係の凝離が過大に見積もられる可能性が考えられる。もうひとつは，焦点を当てる関係性の相手が不在である対象者をデータから除外してしまうという点である。たとえば，配偶関係を扱う場合は，未婚者や離・死別者が除外されるし，友人との結合を扱う場合は，友人のいない人々が除外される。しかし，ある種の関係性を保有しない場合でも，別種の関係性を保有することが考えられるため，ある関係性をもたない人々をデータから除外すると，それぞれの関係特有の偏りが生じてしまうだろう。

　着目する関係性によって凝離の構造が異なるかどうかについて，簡易的ではあるが実データによる分析結果を見てみよう。使用したデータは，2018年に実施した「生活スタイルと社会意識に関する調査」［林ほか 2019］で，調査項目として示した（回答者に想起してもらった）「管理職」および「医師・弁護士などの専門職」に就いている相手に着目する。図 2–5 は，それぞれの想起職に就いている相手と結合する機会が，回答者の職業（現職または最終職）によってどの程度異なるかを，相手との関係性（家族／親せき／友人）ごとに示している。

　図 2–5(a)の想起職「管理職」に関して，同職結合（A）がいずれの関係性に

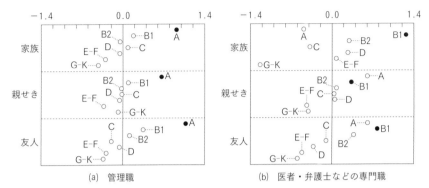

図 2‑5　関係性による結合機会の差異

データ：生活スタイルと社会意識に関する調査（2018年，Web 調査）

横軸の数値は，全体を 0 とした場合の対数オッズ比

A～G‑K は，以下に示す職業分類に含まれる回答者の職業

　　A 管理職／B1 専門職Ⅰ（医療専門職，法務・財務専門職，技術職，研究職，大学教員）／B2 専門職Ⅱ（その他の専門・技術職）／C 事務職／D 販売職／E‑F サービス・保安職／G‑K マニュアル職（農業，生産工程，建設職など）

●は同職結合であることを表す

　おいても顕著であるが，3 つの関係性の中でも友人関係において最も強い。他の職業との結合について，専門職Ⅰ（B1）との結合が相対的に強く，マニュアル職（G‑K）・サービス・保安職（E‑F）との結合が弱い点は，家族と友人で共通する。親せきを対象とした場合，同職結合も他職との結合も，他の関係性ほど明確な違いではなかった。図 2‑5(b)の想起職「医師・弁護士などの専門職」に関して，家族を対象とした場合，同職結合（B1）が他の関係性の場合と比べても突出して強い。異なる職業との結合については，専門職Ⅱ（B2）・販売職（D）との結合が相対的に強く，マニュアル職（G‑K）・管理職（A）・事務職（C）との結合が弱い。親せきを対象とした場合，最も強い結合は同職ではなく，管理職（A）との結合であった。そして，サービス・保安・マニュアル職（E‑F・G‑K）との結合が弱い。ただし，やはり全体的に他の関係性と比べて，回答者職による結合機会の差は小さい。友人を対象とした場合，同職結合が最も強いものの，その強度は家族の場合ほどではなく，管理職（A）・専門職Ⅱ（B2）との差は小さい。結合が弱いのは，マニュアル職（G‑K）・サービス・保安職（E‑

F)・販売職（D）であった。以上の分析から示唆されるのは，どのような「関係」に焦点を当てるかによって，職業の凝離パターンが多少異なってくることである。単一の関係性に基づくデータが，各個人の生活世界における限られた社会関係を表すに過ぎないこととあわせ，複数の関係性を捉えることができる形の調査設計と分析の必要性を指摘しておきたい。その場合に，ネットワークに含まれるメンバーの職業を広く網羅しやすい「地位想起法」は有効な方法であり，ここで用いた職業分類よりさらに詳細な区分，また配偶者やその他の家族・親せき，友人といったような関係性ごとの想起といった工夫を行うことで，関係的アプローチに基づく探究がいっそう深められることが期待される。

　第三に，地位の分化を一次元尺度として表すことの妥当性についてである。人々の「合意」をベースとする尺度とは異なり，関係の「凝離」のパターン，あるいはその中で不平等を表す軸が一次元に集約されるという必然性はない。たとえば，地位の軸とは別に，ジェンダーによる職業の凝離の軸が析出された場合 [Chan and Goldthorpe 2004]，それが何らかの不平等現象と関連している可能性があるかもしれない。このとき，一次元の地位のみに限定した検討を行うと，その現象に関わる職業の影響が過小評価されてしまう可能性がある。さらに，「凝離」のパターンがウェーバー主義的な「ステータス」を表すと想定する場合，一次元上に連続的に分布する地位よりも，相互に分断・閉鎖された集団分化として捉えるのが，理論的に妥当であると考えられる。なぜなら，「ステータス」が表す不平等構造は，社会的に閉鎖された集団間の対立（conflict）を含意しているからである [Wegener 1992]。その場合，多次元空間上に分布する職業同士の親近関係からステータス・グループとしてのまとまりを捉えつつ，異なるグループの間の不平等性を検討するというように，その枠組みを組み直す必要があるだろう。

　このことは，関係的アプローチの視点そのものの意義を再確認することにもつながる。たとえば，特定の職業集団が強く結びつき，他の集団との分離が大きくなっていくと，社会全体の統合が弱体化する可能性が高まる。特に，その凝離が社会的資源の格差と連動するとき，劣位な立場に置かれる集団が抱く不

平等感・不公平感は，資源を豊富に保有する集団，およびそれらの集団同士の
結びつきに対する反発心・敵対心へと変容する懸念もある。このような形で
「分断」が深まると，社会を構成するあらゆる人々が結集して不遇な人々の状
況を底上げするといったような，格差の是正への道筋や物語を共有することは
困難となるかもしれない。先述のように，関係的アプローチに基づく職業的地
位尺度が階層意識や政治意識の違いを説明するのに有効であるという知見は，
このような現状を反映している可能性があり，今後の研究において注視してい
くだけの価値があると考えられる。

【付表1】 マルチレベル・ロジットモデルによる分析結果

従属変数：想起職の知人の有無
独立変数：想起職の職業区分（レベル1），回答者職の職業区分（レベル2），想起職と回答者
　　　　　職が同職か否か（レベル1・2），想起職と回答者職の威信差（レベル1・2）

(a) モデル適合度

		LL	df	AIC	BIC	chi2
M1	同職結合	−10543.6	19	21125.1	21273.8	778.6**
M2	序列結合	−10817.9	19	21673.7	21822.4	230.1**
M3	M1+M2	−10528.5	20	21097.0	21253.5	808.8**

chi2：モデルの尤度比（カイ二乗）　**p<0.01

(b) 各モデルにおけるパラメータ推定値
　　（レベル間交互作用項の固定効果のみ表示）

M1	b	s.e.	odds
同職か否か	1.579**	0.059	4.85

M2	b	s.e.	odds
威信差（10pt）	−0.346**	0.023	0.71

M3	b	s.e.	odds
同職か否か	1.460**	0.063	4.30
威信差（10pt）	−0.138**	0.025	0.87

**p<.01

第 **3** 章

日本の階層研究とジェンダー
——女性とジェンダーの包摂が切りひらく視角

脇田　彩

1　階層研究へのジェンダーの導入

　かつて階層研究において，調査・研究の対象として女性が扱われることは少なかった。それだけでなく，階層研究が持つ諸前提には，「知的性差別（intellectual sexism）」が含まれると批判された［Acker 1973］。Acker が指摘した諸前提とは，社会的地位の単位は家族である，家族の社会的地位は男性世帯主の職業的地位等によって決定される，性別による不平等は階層構造とは無関係である，といった考えである。その後，階層研究は女性を調査・研究の対象に含めるようになり，日本においても1985年社会階層と社会移動（SSM）調査で女性が調査の対象となって以来，女性内の，あるいは男女間の社会的地位の格差について多くの実証研究が積み重ねられてきた［岩間 2008］。

　日本の階層研究はどのように，ジェンダーと社会階層に関連する不平等に取り組んできたのだろうか。本章では，日本の階層研究における女性・ジェンダーの包摂を紹介することによって，階層研究がジェンダーを考慮に入れることで，どのような課題が生じ，どのようにジェンダーと社会階層に関わる不平等が明らかにされてきたのかを示す（2節，3節）。その上で，今後のジェンダーと社会階層による不平等の研究について，近年重要性を増しているトピックを示し，研究の課題と可能性を論じる（4節）。

▼ 2 階層研究における「ジェンダー問題」の背景 ◢

　日本の階層研究がジェンダーをいかに扱ってきたかを見る前に，その背景に
ある，階層の研究者が行ってきた女性の社会的地位の測定をめぐる議論と (2.1)，
日本社会における個人を単位とする社会的地位の男女差を (2.2)，簡単に紹介
する。

2.1　女性の社会的地位の測定をめぐる議論

　階層研究が女性を研究対象に含むようになって以降，(女性の) 社会的地位を
どのように測定するべきか，あるいは所属階層をどのように決定するべきかに
ついての議論が盛んに行われた。そうした議論は，かつて女性の所属する階層
が男性世帯主 (父親，夫) の地位指標によって決まるとされていたところ [Ack-
er 1973]，女性本人の地位指標を何らかの形で階層の決定に導入しようと試み
ることから始まっている。その導入の方法に関して，様々なモデルが提案され
た。(男女とも) 個人を単位とする「個人モデル」，階層研究の伝統にのっとっ
た，世帯を単位とし男性世帯主によって世帯の階層が決定されるとする「伝統
的モデル」[Goldthorpe 1983 など]，夫妻両方の雇用状況から世帯の階層が決定
されるとする「結合モデル」[Heath and Britten 1984]，家族のうち労働力参
加・労働状況という観点からして最も高い位置を占める個人によって世帯の階
層が決まるとする「優越モデル」[Erikson 1984] などである。

---

1) 社会階層に関する多くの研究において，社会的地位の高低だけでなく，社会的地位が似
　た人々のカテゴリーである階層への所属が扱われている。階層の詳細な定義や指標，カ
　テゴリーは論者によって異なり，階級概念を用いる論者もいる。本章では階層／階級の
　区別をせずに階層概念を用いているが，先行研究を参照した箇所では，その論者の表記
　に従った。
2) 女性の階層帰属意識の研究も，女性の社会的地位の単位や測定法への関心から盛んに行
　われた [直井 1990 など]。ただし，女性の階層帰属意識の規定要因の分析結果によって，
　女性の社会的地位の単位や測定法を決定することはできない [盛山 1998 など]。

　女性個人の地位指標を何らかの形で階層の決定のために導入するためには，大きく分けて2つの方法があるとされる［Walby 1986；Szelenyi 1994；Sørensen 1994］。第一は社会的地位の単位を世帯ではなく個人とすることであり，これは上述の「個人モデル」に相当する。第二は社会的地位の単位を世帯としながら，女性個人の地位指標を世帯の階層の決定要因の1つに含める方法である。上述の「結合モデル」や「優越モデル」などがこの方法にあたる。このように，女性の社会的地位の測定をめぐる議論では，その単位が大きな焦点となった。

　社会的地位の単位を個人とする考えは，特に職業によって階層を決定する場合に重要である。職業は富をはじめとする多くの社会的資源の分配を決定しており，あるいは多くの社会的資源の分配と関連しているために，総合的な社会的地位の指標に相応しいと言われてきた［原 1981］[3]。職業に結びついた富・威信・勢力・知識といった社会的資源は，世帯の他のメンバーにそのまま共有されているとは限らない。たとえば，夫の職業威信がそのまま妻の威信と考えられることはないだろう。

　また，性別による社会的地位の違いを研究対象とするのであれば，たとえどれほど女性の個人を単位とする社会的地位が低くても，階層が決定される単位を世帯ではなく個人と考えることが必要になる［橋本 2003］。牛島は，女性の「弱い労働市場へのコミットメントが意味するのは，市場状況や職場状況の水準の低さであって，階級構造に位置を占めないということではない」と指摘した［牛島 1995：43］。社会的地位の単位を個人と考えることにより，世帯内の個人が保有する社会経済的資源の違いや，その違いとジェンダーが家族メンバー間の関係性に及ぼす影響を検討できることも重要だ［岩間 2008］。

　他方で，世帯単位の社会的地位の重要性も論じられている。岩間［2008］は，Blossfeld and Drobnic［2001］などの研究における家族の位置づけを参照し，家族が社会的資源を共有しているために，家族は次世代に不平等を継承し，各

3）加えて，橋本摂子は，労働は財貨獲得のためのもっとも制度化された手段であり，職業を通じてその配分が公正になされているかに人々の多大な関心が払われているために，職業は社会的地位の主要な指標とされてきたと指摘している［橋本 2003：56］。

家族メンバーの地位達成に影響する単位であることを指摘した。世帯単位で社会的地位を測定することの重要性は，主に世帯が生活水準・消費水準を共有していることに基づいて主張されてきた。Erikson［1984］は階級の指標と単位の関係について，労働状況と市場状況を区別した場合，職業などの生産システムにおける位置を示す労働状況が個人単位であるのに対し，世帯の消費水準を決定する狭義の経済的地位を指す市場状況は家族単位であると考えた。また，Wright［1997］は，本人の職業等に基づく階級は生産中心の階級経験と消費中心の階級経験の両方に影響を与えるが，家族等の地位指標に基づく階級は消費中心の階級経験にのみ影響すると考えた。

　このように，個人を単位とする社会的地位の重要性は特に職業的地位を指標と考える際によく論じられ，世帯を単位とする社会的地位の重要性は生活水準に注目して擁護されてきた。個人を単位とする社会的地位と，世帯を単位とする社会的地位は，異なる社会的資源に着目して社会階層の異なる側面を捉えており，いずれも重要である。

2.2　個人を単位とする社会的地位の男女差

　ところで，以上の女性の社会的地位の測定をめぐる議論の背景にあるのは，個人を単位とした場合の女性の社会的地位が男性と比べて低いことである。階層研究においては，富・威信・知識・勢力などが社会的資源と考えられ，教育・職業・所得，なかでも職業に関する指標によって社会的地位が測定されてきた。日本において，これらによって測定される個人を単位とした場合の女性の社会的地位の水準は，男性のそれよりかなり低い。そのため，個人を単位とする社会的地位やそれによる所属階層と，配偶者など他の世帯メンバーの地位指標を考慮した，世帯を単位とする社会的地位やそれによる所属階層が異なるということも，女性においては珍しくない。

　教育の男女差については，1985年に男性の四年制大学進学率が38.6％，女性は13.7％と大きな差があったところ，1990年代以降に女性の大学進学率が急激に伸び，男女差は縮小した［文部科学省 2020］。2020年の四年制大学進学率は男

性57.1％，女性51.1％である。ただし，男女の四年制大学進学率が10ポイント以内の差になったのは2012年の大学進学者においてであり，それ以前のコーホートでは学歴の男女差が大きいことや，大学における専攻には男女差があることなどに注意する必要がある。

　職業の男女差については，まず，職種の違いが挙げられる。多くの社会的資源を保有することが見込まれる管理職や高度専門職において，男性就業者の比率が高い［山口 2017］。とりわけ管理職に占める女性の比率は，その職位が上位であるほど非常に低い。2020年の調査によると，100人以上の常用労働者を雇用する企業において，係長級の常用労働者のうち女性の割合は21.3％，課長級で11.5％，部長級で8.5％である［厚生労働省 2021］。従業上の地位にも大きな男女差がある。1980年代以降，非正規雇用が女性を中心に拡大した。2020年において，被雇用者に占める非正規雇用の割合は男性の22.2％に対し女性では54.4％と半数以上に上る［総務省統計局 2021］。既婚女性が非正規雇用で働く傾向にあるというだけでなく，就業キャリアの初期から非正規雇用で働く女性の割合が増えていることが指摘されている［平田 2011など］。非正規雇用と正規雇用との間の社会的資源の違いと移動障壁は広く認識され，非正規雇用の労働者は日本社会において１つの階層をなしていると考えられる［太郎丸 2009］。非正規雇用の労働者は雇用が不安定であり，脆弱性を抱えていることも指摘される。COVID-19 によるパンデミック下では各国で女性の雇用状況が悪化したが，日本においては多くの女性が非正規雇用であることの影響も大きいとされる［周 2021］。このように，女性は低い職業的地位と結びつけられており，さらに，職業的地位を持たない割合，すなわち無職の割合も男性に比して高い。

　所得の男女差については，とりわけ大きな男女賃金格差が取り上げられてきた［山口 2017など］。賃金格差とその要因に関する研究は，学歴や勤続年数などが同等でも，そして正規雇用の就業者間でさえ，大きな男女賃金格差があることを繰り返し示している。

▼ 3　日本の階層研究における女性・ジェンダーの包摂 ◢

　本節では，2節に示した背景を踏まえて，SSM調査を中心とした日本の階層研究が，女性やジェンダーを包摂するために行ってきた取り組みを挙げ（3.1から3.7），階層研究が明らかにしてきたことを振り返る（3.8）。

3.1　個人を単位とする社会的地位を用いた男女別の分析

　1985年SSM調査以降，個人を単位とした場合の女性の社会的地位が分析対象となり，男女別の分析が展開されるようになった。たとえば，古典的な研究である世代間移動研究は，表の行列にそれぞれ父親と息子（本人）の所属階層をとる移動表分析を行い，階層再生産がどの程度，どのように生じているかを示してきた。女性の社会移動の分析としては，男性世帯主の職業によって世帯の階層が決定されると考える伝統的モデルに基づき，父親の職業と夫の職業の関連が分析された［安田 1971：223-245］。それに対して，1985年調査以降，従来の男性を対象とした手法が女性にも適用される形で，女性の移動表分析がなされた［今田 1990］。すなわち，本人の階層として，配偶者ではなく女性個人の地位指標に基づく階層が扱われた。

　やはり古典的な研究である地位達成過程分析では，父親の職業・父親の教育が，本人の教育・初職等を経て，本人の現職に影響するという，出身階層に始まり到達階層に至る経路，個人が人生の中で地位を達成していく過程を分析してきた［Blau and Duncan 1967］。日本において，男女別の地位達成過程分析は，1985年SSM調査をもとにした今田［1990］および岩永［1990］の分析から，2015年SSM調査を用い，量的尺度によって測定される本人と父親の職業的地位の関連を多面的に分析した研究［藤原 2018］まで，繰り返し行われている。

　このように個人を単位とした場合の女性の社会的地位を男性と同様に扱い，男女別の分析を行うことは，女性内の階層格差や女性の経験する階層再生産を男性と比較することを可能にした。階層変数を独立変数として用いた種々の分

析でも，個人を単位とした場合の女性の社会的地位がたびたび用いられ，その効果が男性と比較されることになった。

　他方で，男女別の分析は，全体として低い社会的地位を持つ女性の「閉ざされた階層空間」の中での，女性内の平等／不平等を分析しているに過ぎないことが指摘された［今田 1990］。たとえば，女性個人の社会的地位が出身階層の影響を男性より受けていないという結果が得られたとして，その社会的地位が全般的に著しく男性より低いのであれば，「女性は出身階層から自由に地位を達成できる」と言えるだろうか。また，分析対象を就業者に限った分析は，女性に関しては大多数の人々をカバーする分析でないことも，早くから指摘されている。

3.2　無職の取り扱い

　個人を単位とした場合の女性の社会的地位の指標を職業とする場合，多くの女性が分析対象から抜け落ち，女性全体をカバーする分析でなくなってしまう。その典型的な例は，無職の女性が分析の対象外となることだ。この問題に対処するために，無職を1つの社会的地位とみなす分析が積極的に展開された。

　特にカテゴリーとしての階層を扱う女性の世代間移動の分析は，当初から他の職業カテゴリーと並んで，無職を階層の1つとして扱った［今田 1990］。父親の職業と女性本人の初職，母親の職業と女性本人の初職の移動表分析などが行われ，母親の職業と娘の職業については無職カテゴリーを加えた移動表分析が行われた。他方，地位達成過程分析は職業威信スコア等の量的尺度により社会的地位を測定するため，その分析の対象は有職者に限られる[4]。初期の研究では，初職までの地位達成に限定した分析も行われたが，その背景には，現職を地位の指標とすると数多くの無職者が除外され，分析対象が少なくなることがある［岩永 1990］。現代では，女性の初期キャリアや世代内移動など，地位達成過程に関わる詳細な研究が，就業の有無にも着目して数多く積み重ねられている［香川 2011など］。

4）1985年 SSM 調査を用いて，主婦の職業威信を求める試みもなされている［原・肥和野 1990］。

3.3　ライフコース要因の取り扱い

　地位達成過程分析は，教育から初職，初職から現職へと，以前に達成された地位が次の地位の達成につながることを想定している。この想定は，フルタイムで継続就業していない人々，たとえば非正規雇用で働く人々や就業キャリアが中断された人々には必ずしも適合しない。そして，多くの女性が，フルタイムで継続就業していない。最近でこそ高学歴女性が第一子出生後に正規雇用で働き続ける割合が増加しているが［永瀬 2019］，長い間，正規雇用で継続的に就業している女性はおよそ 2 割であったと指摘されてきた［田中 2000］。そのため，女性の職業的地位達成に大きく影響を及ぼすライフサイクル要因を考慮できないことは，地位達成過程分析の課題の 1 つとして挙げられていた［今田 1990］。

　赤地［1999］は，ライフコースの視点を導入することで，無職を多く含む既婚女性のデータを分析するために適した地位達成過程を考えられるとした。実際に，ライフコースの分析が，有職者を対象とする地位達成過程分析を補完するかのように発展した。典型的なライフコースの分析は，ライフステージごとの就業の有無や従業上の地位の組み合わせ，すなわちライフコース分化に注目している。ライフコースの研究は，地位達成過程分析が主な対象としてきた人々とそうでない人々の特徴や，両者を分かつ要因を分析している。初期に女性の地位達成過程を分析した研究者たちも，この補完関係に自覚的である［今田 1990；岩永 1990など］。たとえば，岩永［1990］は，女性の地位達成過程とともに，母親の職業経歴と，女性（娘）の教育・職業アスピレーションや希望する就業経歴の関連を検討している。

　女性のライフコース分化を主題とする研究は，岡本ほか［1990］が1985年SSM 調査に基づき行っており，その後も多くの分析がある［元治 2018；吉田 2021など］。そのほか，（フルタイムでの）就業継続，M 字型曲線，初職からの退職，正規雇用から非正規雇用への移行，結婚や出産による離職，労働市場への再参入など，より詳細な局面に注目した，女性のライフコースに関わる研究が行われている。こうしたライフコースの研究は，女性がなぜ男性と異なる地位達成の経路をたどり，異なる階層の領域を占めるのかを説明していると位置づ

けることができる。現代ではライフコース全体を通した有償労働への関与の程度についての性別による分離を扱った研究も出現しており [Guinea-Martin et al. 2018]，ライフコースの視点は今後も必要とされ続けるだろう。

3.4　性別職域分離への着目

　個人を単位とした場合の女性の社会的地位を男性同様に扱い，男女別の分析を行っても，男女が占める階層の領域や地位達成の経路が大きく異なることが指摘されたが (3.1)，その要因として，ライフコースの影響だけでなく，労働市場の構造も重要である。

　男女の労働市場における位置を異にさせるような構造について考える際，性別職域分離は最大の焦点の 1 つとなっている。性別職域分離は，男女が異なる職業カテゴリーに分布しているという水平的性別職域分離と，同じ職業カテゴリーにおいても技能，専門知識，責任，役職の有無，昇進可能性，待遇などが男女で異なるという垂直的職域分離という 2 つの側面から捉えられることが多い。SSM 調査を用いた性別職域分離の分析も行われてきており [真鍋 1998；長松 2018 など]，近年の変化についても研究が行われている [打越・麦山 2020 など]。性別職域分離を説明する要因として，統計的差別，学歴をはじめとする人的資本の職業的地位に対する効果，ステレオタイプ，労働市場の二重構造，「仕事と家庭の両立」の必要性から女性がパートタイム雇用を選択せざるを得ないことなど，様々な労働市場の特徴が考えられてきた [山口 2017]。

3.5　母親の社会的地位の考慮

　出身階層は，現代でも父親の地位指標によって表されることが多い。しかし，個人を単位とした場合の女性の社会的地位や，それに基づく階層を研究対象とするならば，当然，出身階層としても父親だけでなく母親の社会的地位を用いることが検討される。また，個人を単位とした場合の女性の社会的地位は同性である母親に強く影響されると予測されることからも，母親の社会的地位に注目が集まった。前述の通り，女性の世代間移動分析としては，母親の職業と本

人（娘）の職業について，無職カテゴリーを加えた移動表分析が行われた［今田 1990］。地位達成過程分析でも，当初から出身階層を表す変数として母親の主職や教育年数が使用された［岩永 1990］。

近年では，より発展的な分析手法（対数乗法連関モデルなど）を用いて，出身階層にも到達階層にも女性の職業情報を活用した世代間移動の研究がなされている［三輪 2011；白川 2018］。Beller［2009］の研究を参照したこれらの研究に至って，出身階層および到達階層において男女をともに分析対象とし，かつ，母親の階層として無職のカテゴリーを用いた世代間移動の分析が実現している。これらの研究は，母親の階層を考慮することが，特に女性（娘）の世代間移動の経験を解明するために重要であることを実証的に示している。

3.6 世帯を単位とする社会的地位の分析

ここまで紹介した階層研究の取り組みは，基本的に個人を単位とした場合の女性の社会的地位の分析に関わるものだった。しかし，2.1で述べたように，女性の社会的地位を考えるとき，世帯を単位とする社会的地位やそれによる所属階層もまた重要である。地位達成過程分析は個人を単位としているが，世代間移動の分析においては，女性の社会的地位の測定に関する様々なモデルを検討しながら，世帯の所属階層を用いる分析も行われている。たとえば，白波瀬［1999］は優越モデル（優位者選択アプローチ）による男女を合わせた全体移動表を作成している。これは，女性の経験する「閉ざされた階層空間」［今田 1990］の中での世代間移動を男性と比較するのではなく，（男性と女性が構成する）全世帯がどのように世代間移動を経験しているのかを示す試みである。また，マルクス主義的階級概念を用いる橋本健二による一連の階級分析も，世代間移動の分析を含んでいる。橋本は，女性本人の所属階級と配偶関係，そして夫の所属階級によって，たとえば女性を大きくは4階級と「無職かつ配偶者なし」をあわせた計5グループ，細かくは13グループに分けており［橋本 2002］，以降も同様の研究を行っている。このように，何らかの形で女性個人の職業や配偶関係を考慮した上で，世帯を単位とする社会的地位を用いた世代間移動の分析が

なされた。

　また，個人として高い社会的地位を達成する女性が出現することにより世帯間の所得格差が拡大するのではないかという，諸外国で検証されはじめた問いとの関連で，夫妻の合計所得に着目する研究も出てきている［尾嶋 2011など］。これらの研究では，世帯を単位とした所得を社会的地位の指標として扱っている。階層研究において従来から世帯所得という変数は多用されてきたが，女性を含む研究対象について世帯を単位とする社会的地位の格差を分析する現代の研究として，これらの研究は位置づけることができる。

3.7　社会的地位指標の中立性

　地位達成過程分析の対象に女性を含めた今田［1990］は，その問題点の 1 つとして，職業的地位を表す職業威信スコアのジェンダー中立性への疑問を挙げた。階層研究がジェンダーを扱う場合，基本的には，社会的地位の諸指標や，所属階層の決定はジェンダー中立的であることが前提とされる。つまり，ある社会的地位の指標が同じ値をとれば，性別（等の属性）が異なっても同じだけの社会的資源を得ており，性別の影響はその外部にあると考えられている。換言すれば，性別は個人が社会的地位の指標のどこに位置するかに対して影響を与える要因の 1 つであると考えられている。

　この前提を直接検証する分析は，たとえば職業に就いている人の性別による職業威信スコアの違いの分析である［脇田 2021］。また，女性を対象とする実証分析においては，無職や非正規雇用を階層の 1 カテゴリーとするなど，社会的地位の指標が見直されることが多い。3.3で取り上げたライフコースの分析が典型的だが，事実上，職種だけでなく就業の有無や従業上の地位が，女性の社会的地位の測定に用いられていることは多い。

3.8　明らかにされてきた不平等

　ここまでに示した方法によるジェンダー・女性の包摂によって，階層研究は何を明らかにしてきただろうか。第一に，性別による社会的地位の違いが，個

人を単位として社会的地位を測定することによって示された。ただ，階層研究の中心は，性別という属性による到達階層の不平等の研究ではなく，出身階層による到達階層の不平等に着目する研究である。

　そのため，第二に，男性内の階層に関する不平等と女性内の階層に関する不平等の違いが比較された（3.1）。女性内の不平等を明らかにするために，階層研究に「女性特有の」要素を導入すること，たとえば就業の有無や従業上の地位を職業的地位として取り入れること（3.2），ライフコースやライフイベントの影響に着目すること（3.3），母親の社会的地位を分析モデルに含めること（3.5），などが行われた。その結果，たとえば，世代間移動について，父親と本人の間の階層再生産は女性より男性に強く現れるものの，父親と母親双方の職業を出身階層の指標として用いることが階層再生産の構造を見るためには必要で，法律家，医師，研究者，エンジニアなどの古典的専門職の階層再生産は女性に強く現れることが示された［白川 2018］。あるいは，地位達成過程については，父親職業が本人の現職に与える影響は男性において女性より強いことや，男性においては年齢とともに父親の職業的地位と本人の職業的地位の関連が強まるのに対して，女性においては父親の影響は初期キャリアに見られその後弱まることなどが示された［藤原 2018］。

　こうした男女別の分析は，個人を単位とする社会的地位の領域が性別によって異なることを前提としている。このことと関連して，第三に，男女が占める階層領域や地位達成の経路の違いを説明する分析も展開されてきた。ライフコースの分析やライフイベント要因を導入した各種の分析や（3.3），性別職域分離をはじめとする労働市場における男女の位置の違いについての諸研究である（3.4）。たとえば，女性の就業率のM字型曲線は現代においても引き続き見られ，結婚・出産・育児期にフルタイム雇用での就業が大きく減少していることが示されている［元治 2018］。そして，女性においては，結婚や出産が各ライフステージにおける就業の有無，従業上の地位，そして職業経歴に影響する，つまり個人を単位とする社会的地位を低下させること，さらには離別や死別が貧困リスクにつながることが指摘されている［中井 2011など］。日本社会に

おける性別職域分離は国際的に見て強くなかったとされるが，ヒューマンサービス系以外の専門職や管理職という，多くの社会的資源と結びついた職業カテゴリーに属する女性が非常に少なく，高学歴化や脱工業化によって女性の職業分布が変化してもこの点は変わらないことが指摘されている［山口 2017；長松 2018；打越・麦山 2020］。

　その他，世帯を単位とする社会的地位に着目した分析や（3.6），社会的地位指標の中立性の分析も行われているものの（3.7），以上のような形で，主として個人を単位とする社会的地位に着目して，ジェンダーと社会階層による不平等が明らかにされてきたと言える。

▼ 4　ジェンダーと社会階層による不平等研究のこれから ◢

　本節では，ジェンダーと社会階層による不平等について，近年の研究において重要性を増しているトピックと，積み残された課題を挙げたい。

4.1　新たなトピック

　ジェンダーと社会階層による不平等について，近年重視されはじめているトピックを3点挙げる。第一は，多様なライフイベントとジェンダー，階層の関連である。2005年 SSM 調査以降の研究では，少子・高齢化への関心もあって，配偶者選択，男性の家事・育児参加，出生行動，家族構成，介護，夫婦関係などの家族形成・家族関係がどのようにジェンダー・階層変数の影響を受け，またこうした家族的要因が女性のライフコースや地位達成にどのような影響を及ぼすのかへの関心がますます高まっている。特に女性は男性と比べてライフイベントによって生活上のリスクが変化する可能性が大きいことから，女性のライフイベントと階層の関連は重要なトピックとなる［中井 2011］。未婚，離婚，ひとり親世帯が増加したことにより，結婚・配偶者選択以外の，家族構成とジェンダー・階層の関連についての研究も増加した。

　とりわけ，日本社会における男女間の階層格差と女性内の階層格差を捉える

際に，無配偶者の増加は重要な社会変化である。2000年代半ば以降，貧困の社会問題化が進んだが，その後，女性の貧困にも焦点が当てられつつある［杉田2015など］。母子世帯の貧困問題については従来から研究されてきたが，近年では若年未婚女性の貧困が問題化される傾向にある。高齢化にともない死別による女性無配偶者も多くなっており，高齢女性の貧困率は非常に高い。皆婚社会が終焉する中で，個人を単位とした場合の女性の社会的地位が全体的に低い水準にとどまれば，女性の貧困リスクはますます大きくなるだろう。また，女性の社会的地位は，婚姻状況によって個人を単位としても世帯を単位としても大きく異なる。たとえば，個人を単位とした場合の女性の社会的地位は結婚や出産によって低下する傾向にあり，世帯を単位とした場合の社会的地位は無配偶者において低い傾向がある。無配偶者の割合が高くなれば，婚姻状況と階層がどのように影響し合うかを分析することの重要性はさらに増すだろう。

　第二は，女性内の階層の二極化，分極化である。「女性の貧困」が指摘される一方で，個人を単位とした場合に高い社会的地位を得る女性が，日本社会においても顕在化し始めている。2000年代半ばから女性の育児休業が実質化し，2010年代後半に入ると，3歳未満の末子がいる大卒女性において半数程度が正社員であるという［永瀬2019］。1990年代以降，女性の高学歴者が着実に増え，女性管理職も増加する一方で，非正規雇用も拡大することによって，女性内の格差が拡大したと論じられており［岩間2008］，女性の階層は二極化へ向かうかもしれない。男性稼ぎ主型の生活保障システム［大沢2007］の限界が指摘されて久しいが，もし労働・福祉政策の転換とともに労働市場におけるジェンダー平等が進展すれば，階層研究も個人を単位とした場合の社会的地位の二極化とその影響に着目することになるだろう。そうなれば，世帯を単位とする社会的地位の格差が同類婚によって拡大するという指摘の重要性も増すだろう。

　第三に，階層とジェンダーだけではなく，他の属性による不平等との交互作用，すなわち複数の属性による不平等の組み合わせの影響である。ジェンダー研究においては，従来から女性内の差異と不平等に大きな関心がもたれており［ブライソン2004］，フェミニズム運動においても，性差別以外の差別を等閑視

することが繰り返し問題化されてきた。近年では，ブラック・フェミニズムから生じた交差性（intersectionality）アプローチの重要性が広く認識されている［コリンズ・ビルゲ 2021 など］。交差性アプローチは，階層，性別，エスニシティ，家族構成，性的指向などによる不平等の交互作用に着目する。現代の反差別運動，たとえば人種差別に反対するブラックライブズマター（BLM）運動においても，性別など他の属性との関連に注意が払われている。日本社会においても，たとえば，本書第 4 章で論じられるように，エスニシティによる不平等がますます可視化され，量的調査の対象となりはじめている。様々な属性による不平等を複合的に捉える調査・研究が求められるだろう。

4.2　課　題

　最後に，今後の研究の課題として，3 点を挙げる。第一は，世帯を単位とする社会的地位についての分析である。2.1で見たように，階層研究に女性が包摂される際には，個人を単位とする社会的地位と，世帯を単位とする社会的地位がともに重要であることが示された。そして，かつては，世帯の所属階層にいかに女性個人の地位指標を反映させるかについて様々なアイディアが示されたことを紹介した（2.1）。しかし，3 節で見たように，現代の女性の階層に注目した研究は，個人を単位とする社会的地位を扱うものが多い。

　2.2において確認したように，日本においては個人を単位とした場合，女性の社会的地位が低く，特に所得は顕著に低いため，測定する単位が個人か世帯かによって社会的地位に大きな乖離がある。個人を単位とした場合の女性の社会的地位が低い社会であればこそ，女性の生活水準や生活機会は本人の地位指標だけでは決まらず，家族構成や配偶者の地位指標によって規定される部分が大きくなる。したがって，生活水準を共有する単位としての世帯の重要性は大きい。ジェンダーと社会階層による不平等の全体像を掴むために，個人だけでなく世帯を単位とする社会的地位もまた積極的に分析の対象とする必要がある。

　第二に，第一の点とも関連して，所得に着目した分析がより必要とされるだろう。SSM 調査を用いた分析にも2005年調査以降，父親所得の推定を行うな

として所得を扱うものが増えている。世帯を単位とする社会的地位を分析する際はもちろん，個人を単位とした場合の女性の社会的地位を測定する際にも，所得は重要である。個人を単位とする社会的地位を測定する場合には，ときに非正規雇用や無職といったカテゴリーを設けながら，職業を用いることが多い。しかし，日本においては正規雇用の就業者間でも性別による所得の差が大きく，女性の場合はその職業と所得が男性と比べて連動しにくいと考えられる。職業に関する指標は社会的地位の主要な指標となってきたが，それは職業が富を含む多くの社会的資源と結びついていると考えられているからこそである。もし職業が富をはじめとする社会的資源と結びついていなければ，職業に関する指標を社会的地位の主要な指標とすることにも疑問が呈される。女性の個人を単位とする社会的地位の指標として，所得を活用することも必要だろう。

　第三に，社会的地位を測定する際の指標とジェンダーの関わりについて，さらに検討される必要があるだろう。3.7で紹介したように，基本的に階層研究は，社会的地位の諸指標は性別等の属性に関して中立的である，つまり属性が異なっても同等の社会的地位に位置していれば同じ社会的資源を保有しているという前提を持つ。しかし，ジェンダー研究は，価値ある社会的位置や役割，活動を男性が占めることだけではなく，女性のなすことに価値が与えられてこなかったことにも目を向けてきた。階層研究においても，社会的資源と結びつく位置から女性が遠ざけられているという視点だけでなく，女性が占める位置，たとえば女性就業者によって占められる職業が，それ以外の職業よりも少ない社会的資源しか配分されていないという視点を持つ研究を進展させることができるだろう。この視点は，たとえば女性就業者が多い職業において賃金が低いという devaluation 論の指摘やコンパラブル・ワースの研究などに表れている [England 1992]。さらに視野を広げるならば，女性の労働が無償労働となりやすいこととも関連づけられるだろう。

　ジェンダーと社会階層による不平等の研究は，こうしたトピックや課題に取り組むことで，「格差」や排除の解明に貢献できる大きな可能性を持っていると考えられる。

第 **4** 章

社会階層と移民
──国勢調査データによる探索的検討

大槻茂実

▼ 1　はじめに──社会階層と移民 ◢

　少子高齢化が進む日本社会においては，労働力確保の観点から移民の受け入れが進行しつつある。事実，総務省［2020］によれば，2020年 1 月 1 日時点で日本人住民人口は11年連続の減少であるのに対して，外国人住民人口は286万6715人で 6 年連続の増加傾向にある。2019年の入管法の改正による就労ビザの拡大をはじめとして，実質的に日本社会は移民を受け入れる方向に舵を切った状況にあると判断できよう。

　次節で述べるように，日本の社会学では1980年代から日本社会への移民の編入，適応あるいは排除の実態を明らかにする試みがなされてきた。特に，政策の面からの「多文化共生」の構造的な課題の導出や都市社会学・地域社会学を中心とした地域コミュニティに対する着目は，日本の移民研究の典型といえる。したがって，政策論や地域コミュニティの面からの移民社会の検討については，一定程度の知見の蓄積がなされてきたと考えられる。しかしながら，現在のところ，日本の社会学における移民研究では社会階層からの検討が不十分であり，日本社会の移民の適応を捉える上で大きな課題を残している。事実，日本の階層研究を中心的にすすめる「社会階層と社会移動調査」（以下，SSM 調査）においても，国内の移民を取り込んだ本格的な社会調査の実現に至っていない。[1]

　海外では社会統合（Social Integration）の観点から，ホスト社会での移民の適

応過程が観察される。特に移民の第2世代における社会移動といった点に焦点を当てた研究も多い（たとえば［Portes and Zhou 1993；Heath et al. 2008]）。したがって，政策論や地域コミュニティ論といった他の切り口と同程度に社会階層の観点から移民研究の蓄積も進んでいると考えられる。

　日本において階層研究と移民研究が積極的に結びつきにくかったことは，理論的な齟齬ではなくデータの問題と考えられる。しかしながら，2009年より国勢調査もオーダーメイド集計が可能となったように，移民を取り入れた体系的な分析の下地は徐々に整いつつある。そこで本章では，移民の階層的地位に着目して，現在の日本社会における階層構造を数量的なデータ分析から検討する。より具体的には，国勢調査のオーダーメイド集計データを使用し，移民の学歴と職業の関連を分析していく。

▼ 2　移民研究の焦点と課題 ◢

　本節では海外における現在の移民研究の知見を整理しつつ，日本の移民研究を概観する。海外における移民研究を大まかには3区分に分類できる。すなわち，移民の編入に関する政策論的アプローチ，地域コミュニティ論的アプローチ，労働市場・社会階層論的アプローチである。これらのアプローチは相互排他的なものではなく，重層的に相互補完される。

2.1　政策論的アプローチ

　政策論的アプローチとしては，ヨーロッパ社会における移民への市民権付与，福祉政策，多文化主義政策の国際比較などがその典型として挙げられる。こうした政策論アプローチの特徴として，指標を用いた体系的な比較検討から当該社会への移民の編入と適応を捉えようとしている点が挙げられる。たとえば，

---

1) 住民基本台帳が改正された2012年以降，外国籍住民もサンプリングが可能となった。これにともなって SSM 調査内の研究グループによって試験的に行われた調査については白波瀬ら［2018］を参照されたい。

Goodman［2010］は市民統合指標（Civic Integration Index）を作成し，ヨーロッパ各国の移民政策を体系的に比較している。また，Banting と Kymlicka［2013］は，多文化主義政策指数（Multiculturalism Policy Index）を用いてヨーロッパ社会における多文化主義政策と Goodman が開発した市民統合指標の比較を行っている。そもそも多文化主義は集団としての文化的差異などを相互に認め合う立場をとり，社会的統合は移民がホスト社会の文化・慣習を習得しホスト社会の「市民」となることを奨励する。したがって，理念的には異なる政策に帰結する可能性が考えられる。しかしながら，各国における指標の関連を検討した上で Banting と Kymlicka は，多文化主義と統合は本質的には矛盾しないことを指摘し，統合が希求される中での多文化主義からの後退に対する警鐘を鳴らす。Banting と Kymlicka の研究に象徴されるように，こうしたアプローチの移民研究においては，社会的統合のあり方を制度的に検討することが喫緊の課題となっている。

2.2　地域コミュニティ論的アプローチ

　地域コミュニティ論的アプローチは，日常生活における個別の国籍や民族を超えたコスモポリタン（世界市民）や共生・統合に関する議論がそれにあたる。こうしたアプローチの典型として，Noble と Wise の研究が挙げられる。Noble［2009］は多文化主義のオルタナティブとして有識者や政治的エリートにおいて議論される理想論的なコスモポリタンについて批判的な検討を行っている。その上で，ボトムアップ的に市民の日常生活における相互交流の実態として，コスモポリタンなコミュニティの可能性を論じている。Wise［2016］も異なる出身背景をもつ人々の理想的な共生のあり方としてのコスモポリタンな関係性ではなく，生活実態として移民がホスト社会で適応していくプロセスを捉える。特に Wise は事例調査を通して，シンガポール社会における日々の生活の中で実践されるコスモポリタンな関係に対する就労ビザや人口的力学といった多層的な要因を指摘する。移民ではなく，アメリカ社会の人種においても，日常生活における人種間の相互関係から社会構造における統合と分断が論

じられる。たとえば，Anderson［2011］は公的な社会生活における調和的な人種間の相互交流を観察しつつも，調和の規範が緩んだ生活空間（「天蓋（Canopy）の外」）における排外的な人種的態度を報告する。

2.3　労働市場・社会階層論的アプローチ

　労働市場・社会階層論的アプローチは，移民のホスト社会における社会経済活動や地位達成過程を通して，当該社会を分析していくアプローチを指す。たとえばPortesら［Portes and Zhou 1993；ポルテス・ルンバウト 2014］はアメリカ社会における第2世代の移民の社会経済活動に着目し，適応のプロセスは単線的ではなく移民グループによってそのプロセスが異なるという意味で「分節化された同化（Segmented Assimilation）」を指摘する。Heathら［2008］も移民の教育達成と労働市場における地位達成について「OECD生徒の学習到達度調査」（PISA）をはじめとした体系的なデータによるヨーロッパ各国に比較を行った検討を行っている。その上で，アメリカ社会における「分節化された同化」とは異なり，ヨーロッパ社会では各国ですすめられる移民政策によって第2世代の適応が異なることを報告している。

2.4　労働市場・社会階層論的アプローチからみた日本の移民研究の課題

　上記の3つのアプローチのうち，政策論的アプローチと地域コミュニティ論的アプローチは日本の社会学においても積極的にすすめられてきた。特に1990年代の都市社会学・地域社会学を中心に進められた質的調査の多くは地域コミュニティ論的アプローチに依拠していたといえる。[2] 一方で，政策論的アプローチも近年隆盛になりつつある。そうしたアプローチでは，語学支援を含めた受け入れ政策，年金や雇用保険をはじめとした社会保障といった制度への着目がなされる（たとえば［樋口 2016；大石 2018；永吉 2020]）。

---

2)　日本の都市社会学におけるエスニシティ研究のレビューについては谷［2013］の論文を参照されたい。また，移民と日本人市民の相互交流を量的調査データから分析した研究としてはOhtsuki［2018］，大槻［2018］などがある。

　上記のように，近年の日本における移民研究も，海外の研究と同様にコミュ
ニティと制度の双方からの実証研究が進められつつあるといえる。しかしなが
ら，他の2つのアプローチと比較して労働市場・社会階層論的アプローチは研
究蓄積が乏しい状況と言わざるを得ない。[3] 一部の例外として，日系移民を対象
とした梶田ら［2005］やTakenoshita［2013］の研究，在日韓国人を対象とした
金と稲月［2000］の研究などはある。だが，全体的としては労働市場・社会階
層論的アプローチとりわけ階層研究と移民研究には少なからずの断絶があった
とみなすべきであろう。

　そもそも移民研究の黎明期には，梶田［1988］がヨーロッパ社会を概観した
上で，エスニシティからみた業績主義と属性主義の関係性に言及している。つ
まり，日本の社会学における移民研究の開始時期に，業績と属性の配分から社
会の近代化を検討する社会階層論的な視点が意識されていたと判断できる。し
かしながら，こうした視点は後続の研究に積極的には継承されず，上記の研究
を例外として，政策論的アプローチと地域コミュニティ論的アプローチが日本
の移民研究における主流となった。この理由としては，移民を対象とした体系
的な社会調査の実施が難しかったことが考えられる。

　そうした中で，是川［2019］は平成22（2010）年国勢調査のマイクロデータを
使用し，専門的・技術的職業就業確率を従属変数とした多変量解析を実施して
いる。是川はいくつかの知見を導出しているが，ここでは中国系移民の場合，
男女いずれにおいても高学歴者は高い職業的地位に就業する傾向が示されたこ
とを提示しておきたい。特に学歴と国籍の交互作用効果を検討した分析では，
日本人の高学歴者よりも中国系移民の高学歴者の方が高地位の職業に就業する
傾向にあることを導出している。高学歴の中国系移民が専門的・技術的職業に
就業する傾向にあるとする是川の分析は，留学生として来日にする中国系移民
の適応を捉えたLiu-Farrer［2011］の知見とも整合する。Liu-Farrerはフィー
ルドワークを通して，日本型雇用システムと前近代的なジェンダー規範が障壁

3）経済学でいえば，たとえば依光ら［2003］の研究が挙げられる。

となることから，中国系移民には専門的・技術的職業が好まれることを報告している。

　永吉ら［2021］も是川と同様に，数量的なアプローチから日本社会における移民研究と階層研究の接合を試みている。永吉らの研究は SSM 調査を基底として移民を対象とした全国調査を実施しており，移民を対象とした社会調査として先駆的な研究といえる。同書で永吉は職業を「専門職」「管理職・事務職」「販売職・マニュアル職」の３カテゴリーに分類した多項ロジスティック回帰分析を行っている。その上で，学歴の専門職に対する正の効果と管理職・事務職に対する負の効果を明らかにしている。

　是川も永吉らも体系的な分析を通して階層研究と移民研究を接合した貴重な知見を提示している。それと同時に，更なる発展に向けた課題も上記の研究から導出される。第一に，学歴と職業の多元的構造を踏まえた分析である。中尾［2018］は，そもそも職業・産業構造といったマクロ構造が変化した現代社会では，学歴と職業の関係は単純な線形関係では捉えづらくなっている可能性を論じている。中尾の指摘は，前述の永吉が示した学歴の限定的な効果とも共振する。こうした研究を踏まえれば，探索的なアプローチから学歴と職業の関連を捉えた分析が必要といえよう。第二に，専門的・技術的職業の内部の多層性に留意した分析である。是川も永吉も，「専門的・技術的職業」「専門職」といったように，やや大まかに職業を分類している。しかしながら，Grusky［2005］などが行った細分化した階層分類を用いた階層研究の知見に依拠すれば，職業を細かく分類し他の変数との関連を捉えることが本来的には望まれる。

　以上の整理にもとづけば，現在の日本の移民研究においては，いくつかの先駆的な研究はあるものの，社会階層論の視点にたった知見の蓄積が課題であると結論づけられる。この点を踏まえて，次節で本研究の分析枠組みを提示する。

▼ 3　国勢調査データの利用 ◢

　本研究では，日本社会における現代日本の階層構造について，移民も含めて

検討する。分析では次の2点を理由として，中国系移民に着目し，階層構造における日本人との比較を行う。すなわち，第一に2010年代以降日本における居住者の国籍別比率で最大であること，第二に前節で示したように中国系移民に関する体系的な研究知見があることである。先行研究では日本社会における中国からの移民は高い学歴が得られた場合には，専門的・技術的職業に就く傾向が指摘されている。しかしながら，どのような専門的・技術的職業であるのかは未だ不明確な状況にある。また，日本社会における移民の階層的地位に関する研究自体，それほどの多くの蓄積があるわけではない。したがって，移民における学歴と職業の結びつきについては，単純な線形関係以外の可能性を視野に入れることが望ましいと考えられる。このような観点から本研究では探索的なアプローチから分析をすすめる。具体的には，国籍，性別，年齢，学歴（以下，属性）と職業の対応分析から階層構造上の移民の概況を検討する。

　対応分析は変数のカテゴリー間の結びつきの強さを次元空間上の近さで示す。次元空間上で表現することから，視覚的にカテゴリーの結びつきを解釈することが可能であり，特にカテゴリー数の多い変数同士の結びつきを探索的に検討する上で有効な分析手法といえる。

　分析データとしては国籍，性別，年齢，学歴といった属性と職業について，オーダーメイド集計された1990（平成2）年と2010（平成22）年の国勢調査の結果を用いる。職業については国勢調査では年次によって分類が異なる。しかしながら本研究では1990年と2010年の2時点を比較することから，職業についても共通の分類が必要となる。そこで，細川［2018］が作成した複数年次の国勢調査における職業の共通分類を用いる。細川は1980（昭和55）年から2010（平成22）年の国勢調査における職業分類を比較検討し，時系列比較を想定した68カテゴリーの共通分類（「国勢調査共通分類」）を作成している。[4] 時系列比較を行う本研究はこの国勢調査共通分類から職業の分類を行う。学歴は卒業者のみカウントし，小学校・中学校，高校・旧中，短大・高専，大学・大学院（以下，大

---

4) 細川［2018］の分類をさらに細分化することも可能だが，対応分析の解釈のしやすさの点から，本研究では職業を68カテゴリーで分類する。

学）の 4 カテゴリーを用いる。専門学校は短大・高専に含まれる。年齢につい
ては，20歳〜34歳（以下，若年層），35歳〜49歳（以下，中年層），50歳〜64歳（以
下，高年層）に分類する。

　上記の68カテゴリーの職業と性別（2 カテ）×年齢（3 カテ）×学歴（4 カテ）の
24カテゴリーの属性を使用して対応分析を行い，探索的に学歴と職業の対応を
みていく。国籍については，事前にすべての国籍カテゴリーを統合した総数と
して性別・年齢・学歴の組み合わせによる属性と職業の対応分析を行う。その
上で，国籍・性別・年齢・学歴の組み合わせによる属性と職業の対応を，全体
の計算には直接寄与しない補助プロットとして捉える。紙幅の都合上，次節の
分析結果では国籍カテゴリーを統合した総数による対応分析の布置は省略し，
日本人データの補助プロットと中国人データの補助プロットのみを提示する。[5]

▼　4　階層構造における中国系移民と日本人の比較 ◢

4.1　1990年国勢調査データを用いた対応分析

　図 4‐1 は1990年国勢調査データにおける対応分析のうち職業の布置を示す。
寄与率は第 1 次元（横軸）で35.7％，第 2 次元（縦軸）で25.2％であり，第 1 次
元と第 2 次元によって全体の60％程度が説明できたと判断される。図 4‐1 と
後述の図 4‐3 のアルファベットは国勢調査職業大分類レベルでの各職業を示
す。すなわち，A 管理職／B 専門・技術職／C 事務職／D 販売職／E サービス
職／F 保安職／G 農林漁業／H 生産工程／I 輸送・機械運転／J 建設・採掘／
K 運搬・清掃・包装等である。

　左上の第 2 象限でみると教員，自然科学系研究者，情報処理技術者といった
専門職や管理職（大分類 A）が布置されていることがわかる。また，左下の第
3 象限にも保険医療従事者や保育士といった専門職が確認される。一方，右上
の第 1 象限には建設・土木作業従事者，一般機械器具組立・修理作業者などが

5）人口構成の点から，国籍カテゴリーを統合した総数のプロットと日本人データのプロッ
　トはかなり近似する。

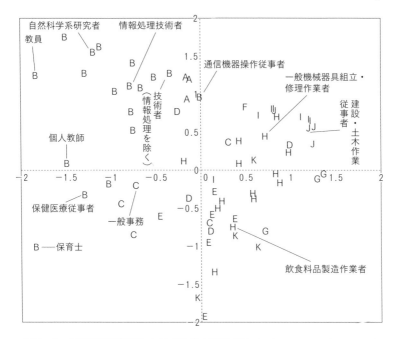

図 4-1　1990年国勢調査における職業の布置（寄与率：次元 1 ＝35.7　次元 2 ＝25.2）

布置し，右下の第 4 象限には飲食料品製造作業者などが布置される。つまり，全体的には第 1 次元は職業的地位の序列，第 2 次元は性別分離が示されており，特に左上右下といった負の斜きに沿って職業が布置されているといえる。

　職業の布置より第 1 次元は職業的地位の序列，第 2 次元は性別分離という点を踏まえた上で，図 4-2 の属性の布置を解釈していく。図 4-2 と後述の図 4-4 では，「M」と四角形のマークは男性を，「F」と三角形のマークは女性をあらわす。また，黒マークは日本人を，白マークは中国人をあらわす。全体的に日本人男女も，中国人男女も高学歴者は左上の第 2 象限に布置している。対照的に右下の第 4 象限に小中といった低学歴者が布置される。いわば，負の傾きの斜めの軸で学歴と職業的地位の対応関係がみられると解釈できる。

　その上で，2 点について注目しておきたい。第一に，日本人男女と全く同じ布置ではないものの，中国人男女も学歴が高い場合には，高地位の職業に対応

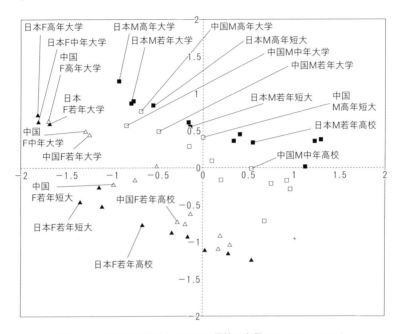

図 4‐2　1990年国勢調査における属性の布置（M＝男性，F＝女性）

している点である。 2 節で示した先行研究の知見と同様に，やはり本研究の
データでも大卒といった高学歴の中国人は高い職業的地位に結びつく傾向がみ
られる。第二に，日本人，中国人ともに学歴の高さを問わず明確な性別分離が
生じている点である。日本人，中国人ともに高い学歴は高地位の職業と対応関
係にあるとはいえ，高学歴の男女において布置が近接しているとは判断しがた
い。むしろ，日本人と中国人を問わず，高学歴者においても日本社会は性別分
離が明白だといえる。その上で，相対的には日本人男女よりも中国人男女の方
がその布置の距離は近いと判断できる。たとえば，「中国 F 中年大学」と「中
国 M 中年大学」のように高学歴における男女の距離は日本人の高学歴男女の
距離よりも明らかに近い。すなわち，性別分離という点では，日本人よりも中
国人の方が相対的には小さいとみなせる。

4.2　1990年国勢調査データからみた職業上位 5 種

　対応分析で全体的な布置を捉えた上で，個別の属性と職業との顕著な対応を細かく捉える必要がある。表 4 - 1 〜表 4 - 4 は，大卒に絞り，1990年国勢調査において就業される割合の高い職業上位 5 種を属性ごとに示す。先行研究の知見と対応分析の結果に留意し，専門的・技術的職業（反転表示）に注目する。

　日本人男性の場合（表 4 - 1 ），上位 5 種のうち専門的・技術的職業は技術者（情報処理を除く），教員で構成され，その割合は16〜18％である。中国人男性の場合（表 4 - 2 ），保健医療従事者，情報処理技術者が上位 5 種に入っており，専門的・技術的職業のうち具体的な職業の内容が日本人とはやや異なることがわかる。中国人男性の専門的・技術的職業の割合については，若年層と中年層では日本人男性と同様に16〜18％程度である。一方で，法人・団体役員といった管理的職業の割合が高い高年層では，専門的・技術的職業の割合は相対的に日本人高年層より低い。日本人女性の場合（表 4 - 3 ），どの年齢層でも教員の割合が特に高く（24〜32％），次に保健医療従事者が続く（ 7 〜12％）。一方で，中国人女性の場合（表 4 - 4 ），中年層と高年層で教員と保健医療従事者が上位 5 種に入るものの，若年層では情報処理技術者といった日本人女性と異なる職業もみられる。

　表 4 - 1 〜表 4 - 4 を全体的にみれば，以下のように説明できよう。まず，上位 5 種における専門的・技術的職業従事者の割合については，高学歴男性の場合，特に若年層と中年層では日本人と中国人では大きな差はないと判断される。高学歴女性の場合，教員を中心として日本人女性における専門的・技術的職業従事者の割合が高い。その上で，専門的・技術的職業の具体的な職業構成については，日本人と中国人でやや異なっている。特に中国人の場合，男女ともに日本人と比較して教員が少なく，情報処理技術者が上位 5 種に入り込んでいる。

4.3　2010年国勢調査データを用いた対応分析

　図 4 - 3 は2010年の国勢調査データにおける対応分析のうち職業の布置を示す。寄与率は，第 1 次元で40.3％，第 2 次元で26.9％である。1990年の国勢調

表4-1　1990年国勢調査における日本人男性の職業上位5種（学歴「大学」のみ）

順位	若年層（全体 N=3,060,910）		中年層（全体 N=3,297,290）		高年層（全体 N=1,359,020）	
1	外交員, 仲立人	21.2%	一般事務	19.3%	一般事務	15.0%
2	一般事務	18.8%	外交員, 仲立人	16.3%	外交員, 仲立人	9.7%
3	技術者（情報処理を除く）	10.4%	技術者（情報処理を除く）	8.4%	技術者（情報処理を除く）	4.6%
4	教員	7.9%	教員	8.3%	教員	14.1%
5	商品販売従事者	5.8%	商品販売従事者	5.6%	商品販売従事者	3.9%
	専門的・技術的職業合計	18.2%	専門的・技術的職業合計	16.8%	専門的・技術的職業合計	18.7%

表4-2　1990年国勢調査における中国人男性の職業上位5種（学歴「大学」のみ）

順位	若年層（全体 N=3,710）		中年層（全体 N=3,280）		高年層（全体 N=1,140）	
1	一般事務	13.5%	保健医療従事者	16.8%	法人・団体役員	21.9%
2	外交員, 仲立人	8.6%	一般事務	13.7%	一般事務	9.6%
3	技術者（情報処理を除く）	8.1%	外交員, 仲立人	11.9%	保健医療従事者	8.8%
4	保健医療従事者	5.4%	法人・団体役員	11.0%	飲食物調理従事者	8.8%
5	情報処理技術者	5.1%	飲食物調理従事者	5.8%	商品販売従事者	8.8%
	専門的・技術的職業合計	18.6%	専門的・技術的職業合計	16.8%	専門的・技術的職業合計	8.8%

表4-3　1990年国勢調査における日本人女性の職業上位5種（学歴「大学」のみ）

順位	女性若年層（全体 N=778,460）		女性中年層（全体 N=495,470）		女性高年層（全体 N=118,960）	
1	一般事務	29.6%	教員	31.8%	教員	32.7%
2	教員	24.4%	一般事務	18.6%	一般事務	14.0%
3	保健医療従事者	7.8%	保健医療従事者	9.3%	保健医療従事者	12.9%
4	会計事務	5.5%	個人教師	7.4%	個人教師	7.1%
5	外交員, 仲立人	4.7%	会計事務	6.5%	商品販売従事者	5.1%
	専門的・技術的職業合計	32.2%	専門的・技術的職業合計	48.5%	専門的・技術的職業合計	52.7%

表4-4　1990年国勢調査における中国人女性の職業上位5種（学歴「大学」のみ）

順位	若年層（全体 N=1,350）		中年層（全体 N=820）		高年層（全体 N=200）	
1	一般事務	25.9%	一般事務	23.2%	一般事務	20.0%
2	情報処理技術者	11.1%	教員	11.0%	保健医療従事者	20.0%
3	その他の専門的職業従事者	8.9%	商品販売従事者	9.8%	教員	15.0%
4	保健医療従事者	7.4%	会計事務	8.5%	法人・団体役員	15.0%
5	会計事務	7.4%	外交員, 仲立人	8.5%	個人教師	10.0%
	専門的・技術的職業合計	27.4%	専門的・技術的職業合計	11.0%	専門的・技術的職業合計	45.0%

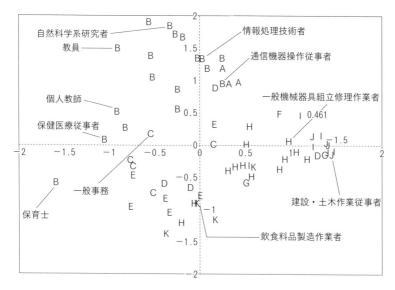

図4-3 2010年国勢調査における職業の布置（寄与率：次元1=40.3 次元2=26.9）

査データと同様に，負の傾きの斜めの軸を想定すると，職業と学歴の対応がみやすい。すなわち，第2象限に教員，自然科学系研究者，個人教師，保健医療従事者などが布置し，第4象限に建設・土木作業従事者などは布置される。第1象限には管理職（大分類A）や通信機器操作従事者などが布置し，第3象限には保育士，家庭生活支援・介護・医療サービス職業従事者などが布置する。したがって，1990年データと同様に2010年データでも斜めの軸で職業の地位の序列と性別分離がみてとれよう。

　職業の布置を踏まえて，図4-4の属性の布置をみてみる。国籍にかかわらず，高学歴の男女は第2象限に布置する。一方で，国籍を問わず学歴が低くなるにつれ，男性は第1象限から第4象限，女性は第3象限，第4象限と布置が移動していく。したがって，2010年データにおいても，学歴が職業的地位と結びついていることが確認できたといえる。

　また，性別分離については1990年データと同様に，2010年データにおいても明確に存在することがわかる。その上で，職業と属性の布置をみると中国人の

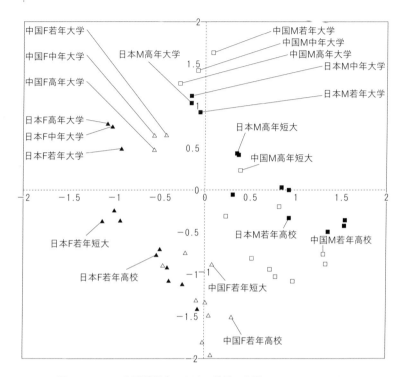

図 4–4　2010年国勢調査における属性の布置（M＝男性，F＝女性）

場の性別分離の方が，日本人男女の性別分離よりも相対的に小さいことが確認できる。したがって，学歴と職業の対応については，日本社会における日本人男女よりも中国人男女の方が平等的といえる。

4.4　2010年国勢調査データからみた職業上位 5 種

　表 4–5 ～表 4–8 では，1990年と同様に，高学歴に絞り各属性において就業される割合の高い職業上位 5 種をみる（専門的・技術的職業を反転表示）。表 4–5 の日本人男性における特徴としては，前述の表 4–1 と比較して，若年層と中年層における情報処理技術者の増大が挙げられる。当然ながら，情報処理技術者増大の背景にはインターネットに付随した情報通信サービス市場の拡大があ

表 4 - 5　2010年国勢調査における日本人男性の職業上位 5 種（学歴「大学」のみ）

順位	若年層（全体 N = 2, 612, 480）		中年層（全体 N = 3, 785, 810）		高年層（全体 N = 3, 031, 730）	
1	外交員，仲立人	16.8%	一般事務	21.8%	一般事務	21.9%
2	一般事務	16.1%	外交員，仲立人	18.0%	外交員，仲立人	12.5%
3	技術者（情報処理を除く）	8.2%	技術者（情報処理を除く）	8.3%	教　員	8.3%
4	情報処理技術者	7.9%	教　員	6.3%	法人・団体役員	7.7%
5	商品販売従事者	5.6%	情報処理技術者	5.6%	技術者（情報処理を除く）	5.4%
	専門的・技術的職業合計	16.2%	専門的・技術的職業合計	14.6%	専門的・技術的職業合計	13.8%

表 4 - 6　2010年国勢調査における中国人男性の職業上位 5 種（学歴「大学」のみ）

順位	若年層（全体 N = 14, 970）		中年層（全体 N = 10, 660）		高年層（全体 N = 2, 920）	
1	情報処理技術者	31.8%	情報処理技術者	16.5%	外交員，仲立人	12.7%
2	技術者（情報処理を除く）	14.7%	一般事務	15.6%	教　員	12.3%
3	一般事務	10.7%	外交員，仲立人	10.3%	法人・団体役員	9.6%
4	外交員，仲立人	9.0%	技術者（情報処理を除く）	9.7%	保健医療従事者	9.6%
5	その他の専門的職業従事者	4.0%	法人・団体役員	5.3%	一般事務	9.2%
	専門的・技術的職業合計	50.5%	専門的・技術的職業合計	26.2%	専門的・技術的職業合計	21.9%

表 4 - 7　2010年国勢調査における日本人女性の職業上位 5 種（学歴「大学」のみ）

順位	若年層（全体 N = 1, 681, 270）		中年層（全体 N = 1, 208, 820）		高年層（全体 N = 668, 760）	
1	一般事務	33.7%	一般事務	31.3%	教　員	22.0%
2	保健医療従事者	10.8%	教　員	16.4%	一般事務	20.8%
3	教　員	8.3%	保健医療従事者	10.6%	保健医療従事者	10.8%
4	商品販売従事者	7.2%	会計事務	5.2%	個人教師	5.1%
5	外交員，仲立人	6.2%	商品販売従事者	4.1%	商品販売従事者	5.1%
	専門的・技術的職業合計	19.1%	専門的・技術的職業合計	27.0%	専門的・技術的職業合計	37.9%

表 4 - 8　2010年国勢調査における中国人女性の職業上位 5 種（学歴「大学」のみ）

順位	若年層（全体 N = 12, 290）		中年層（全体 N = 8, 300）		高年層（全体 N = 1, 310）	
1	一般事務	29.4%	一般事務	26.5%	教　員	16.8%
2	情報処理技術者	12.0%	教　員	8.0%	一般事務	13.7%
3	外交員，仲立人	7.3%	その他の専門的職業従事者	6.1%	商品販売従事者	9.2%
4	商品販売従事者	7.1%	外交員，仲立人	6.0%	法人・団体役員	6.1%
5	その他の専門的職業従事者	6.1%	商品販売従事者	4.5%	接客・給仕職業従事者	5.3%
	専門的・技術的職業合計	18.1%	専門的・技術的職業合計	14.1%	専門的・技術的職業合計	16.8%

ることは明らかである。

　情報処理技術者の増大は中国人でも顕著といえる。中国人男性の場合，若年層と中年層が従事する職業として情報処理技術者が第 1 位で，特に若年層の割合（31.8%）は他の職業とくらべて顕著に高い（表 4 - 6）。中国人女性の場合でも，若年層で情報処理技術者の割合はで第 2 位である（表 4 - 8）。一方，日本の高学歴女性の場合（表 4 - 7），情報処理技術者は上位 5 種に入らない。つまり，日本人の高学歴男女よりも中国人の高学歴男女の方が，情報通信サービス市場の拡大に合わせて就業機会の拡大を実践していることが推察される。

　しかしながら，高学歴の中国人男女の成功の理由を情報処理技術の需要拡大にのみ求めるのは早計であろう。なぜならば，1990年の段階で，技術者（情報処理技術を除く）や保健医療従事者といった専門職の割合が高かったからである。この点を踏まえれば，以下のように解釈できる。すなわち，高学歴の中国人男女にとって専門スキルを通して職業的地位を獲得することが，元来希求されてきた。高い学歴を獲得しても日本的雇用慣行の中で上昇移動が困難な中国人にとっては，専門スキルを通した職業的地位の獲得が希少な梯子だったのである。その上で，2010年においては産業構造の転換に合わせて高まった情報処理技術職の需要が，専門職を求める高学歴の中国系移民と対応したと考えられる。

▼ 5　階層構造における移民と性別分離 ◢

　移民の受け入れがすすむ日本社会を見通す上で，社会階層と移民の結びつきはますます重要となる。本章では，移民と社会階層の関連構造に関する国内および国外の研究を整理し，これまでの研究で導出された知見および課題を提示した。その上で，日本国内の中国人に着目し，1990年と2010年の国勢調査の時系列比較から学歴と職業の対応を検討した。分析の結果，以下の点が明らかとなった。第一に，いずれの時点においても中国人の高学歴者は日本人と同様に高地位の職業に対応していた。第二に，国籍と学歴を問わず，いずれの時点においても職業の布置について明確な性別分離がみられた。第三に，同じ高学歴

でも中国人の場合は，日本人の場合よりも専門職との対応関係がみられ，特に2010年では情報技術職に従事する割合が男女とも高い傾向にあった。以下，若干の考察を加えたい。

　移民にとっても職業的地位を獲得する上で学歴が社会的資源として機能していることが確認された。少なくとも中国からの移民にとっては，高い学歴が得られれば日本社会での成功のチャンスが高まるといえる。しかしながら，高学歴の中国系移民が従事する職業に偏りが生じていたことから，移民にとって職業選択の自由が構造的に阻まれている可能性が確認された。この点は前述のLiu-Farrer［2011］の知見と符合する。いわば，高学歴の中国人にとっては，高い職業地位を得るために梯子は用意されてはいるが，その梯子の種類は日本人よりも少ないのである。移民の職業が在留資格と結びついている点を踏まえれば，このことは地位達成過程に対する法律・行政の影響を改めて検討する必要性を意味する。

　中国系移民よりも日本人の場合の方が，性別分離の傾向が明確であった点について触れておきたい。通常，ホスト社会においてはマイノリティである移民はマジョリティよりも社会的に不利な立場に置かれる。しかしながら本研究が示したのは，性別分離という点に関しては，中国系移民よりも日本人の方が大きいという状況であった。情報技術職の需要を背景としたこうした逆転現象が今後の日本社会にどのような変化を促すのか，在留資格や労働市場における移民の境遇に留意した継続的な検討が必要であろう。

　本研究は国勢調査のオーダーメイド集計データを使用して日本の階層構造における移民の状況を数量的に検討した。移民の階層的地位について，サンプリングの問題から事例調査や小規模な数量データで分析せざるを得ない中で，大規模な量的データから検討した点は本研究の価値とみなせよう。しかしながら，課題も残る。まず，移民として中国移民以外の検討が必要であろう。また，国勢調査データである以上，使用できる変数が大幅に限られる。本研究では本人の学歴と職業の対応を捉えたが，移民を含めた階層構造を明らかにする上では，「分節化された同化」［Portes and Zhou 1993；ポルテス・ルンバウト 2014］の視点か

らの世代間移動への着目も望まれる。これらの点を踏まえれば，やはり移民と日本人の双方を組み込んだ社会階層に関する全国規模の量的調査を行う必要性が指摘できよう。「多文化共生」に向けた行政の立ち後れはたびたび指摘される。しかしながら，「多文化共生」の実態を捉える上では日本の階層研究も，行政組織と同様に，アップデートが希求されているのではないだろうか。

謝辞
本研究は JSPS 科研費 18K01966 の助成を受けたものです。

第 **5** 章

教育機会の格差と家族
──家族の資源と教育選択に着目して

斉藤裕哉

▼ 1　教育機会の拡大と定位家族間の格差 ◢

　教育機会の格差や不平等について，個人が生まれ落ちる定位家族を考慮せず
に議論することは難しいだろう。過去には，産業化の進展により教育機会が拡
大し，教育達成に対する親の地位の影響が弱まるとの予想もなされた［Trei-
man 1970］。だが，日本の教育機会格差の趨勢を見れば，こうした予想に反し
て定位家族の影響は安定して存在して続けている。

　日本では教育機会は第二次世界大戦前から徐々に拡大しつつあり，終戦直後
からその傾向をより強めていった。中等教育にあたる高校進学率は戦前から戦
後にかけて上昇を続け，高度成長期の終わり頃には90％を超え，現在までその
水準が維持されている。一方，短期大学などを含む高等教育進学率は一貫して
上昇してきたわけではないが，高度成長期には高等教育進学率は高校進学率と
同様に大きく上昇し，1990年ごろまでの停滞期を経験した後に，再び上昇期を
迎えた。そして現在では四年制大学に限定しても進学率が50％を超える水準と
なっている。

　社会全体で教育機会が拡大する一方で，定位家族間の教育機会の格差の存在
は繰り返し指摘されてきた。たとえば「社会階層と社会移動全国調査」（SSM
調査）を用いた研究によれば，出身階層として捉えられた定位家族の社会経済
的地位による教育機会の格差は，中等教育と高等教育のどちらとも，高度成長

期のように全体として教育機会が拡大する時期であっても維持されている。さらに近年では，社会全体での教育機会の拡大に伴う学歴の相対的価値の変化を考慮した分析も行われ，それを考慮しても出身階層による教育機会の格差は安定して維持されており，1986年以降に生まれた男性では教育機会の格差の拡大する傾向が確認されている［中村 2018など］。

　本章では教育機会の格差を生み出す要因を経済的資源，文化的資源，合理的選択に分類し整理する。その上で，定位家族に着目した理論的説明や仮説を取り上げる。またこれらの理論的説明や仮説について，最新のコーホートを対象としたデータを用いて検証し，教育機会の格差に家族が多様な経路から影響することを示したい。なお，これ以降，本章では家族という語は定位家族を意味するものとして使用する。

1.1　分析枠組みと親子ペアデータの概要

　本章で用いるデータは東京大学社会科学研究所が2015年から実施している「中学生と母親パネル調査」（以下，JLPS-J）である。JLPS-J は全国を対象に，2015年8月時点で中学3年生である子どもとその母親を対象としている。2015年に実施された第1波調査において有効回収が得られた親子は1854ペアで回収率45.0％となっている。さらに2015年の回答者を対象に，2017年，2019年，2020年に追跡調査が行われており，本章では2015年と2017年のデータを使用する。

　JLPS-J は母親と子どもに別々の調査票を用いることで，家族成員や家族の保有する資源に関する詳細かつ正確な情報と，子ども自身の意識や進学行動を組み合わせた分析を可能としている。また全国を対象にした調査で，なおかつ特定のコーホートに限定している点も大きな特徴である。調査の詳細については，藤原［2016］を参照してもらいたい。

　本章のすべての分析では，従属変数として高校偏差値を用いる。教育機会を分析する場合，高等教育への進学／非進学を従属変数にすることも考えられるが，日本において高校偏差値がその後の教育達成に強く影響していることや解釈の容易さを優先するため，高校偏差値を従属変数とする。また分析は子ども

の性別にサンプルを分けて進めていく。分析結果は本文中に適宜示していくが，分析結果の詳細については章末の付表を参照のこと。

▼ 2　経済的資源による教育格差 ◢

　所得に代表される家族の経済的資源は，学費や通学に伴う様々な費用の負担能力として進学行動に影響を及ぼしている。また，学習塾に代表されるような学校外教育投資や，勉強机や参考書など家庭内の学習環境の整備などを通じて，入学試験に大きく関わる学力形成に影響する。日本では教育に対する公的な支出が少なく，学費負担は家計に大きく依存している。経済的資源の影響については，全体として教育が拡大した高度成長期や90年代以降に経済的な要因による大学進学の格差が生じていると指摘されている［尾嶋 2002など］。

　ここでは，子どもの教育に投入される経済的資源について，家族との関連で問題にされる総量と分配という観点から議論を整理する。

2.1　経済的資源の総量と家族構造

　「家族構造（family structure）」は多様な定義がなされるが，本章では「親の婚姻状態による家族の類型」に着目する。そのため，家族構造は初婚のふたり親世帯，母子世帯，父子世帯，再婚世帯の違いを指す。家族構造が教育達成に与える影響は，アメリカでは関心が高く，数多くの研究がある［McLanahan 1985など］が，日本では2010年ごろから研究の蓄積が見られる。

　日本の研究を振り返ると，母子世帯出身者は高校進学や高等教育進学率が低く，また国際的な学力調査を用いた研究でも，母子世帯や父子世帯で暮らしている子どもは学力形成上の不利を抱え，その不利が時代とともに拡大していると報告されている［稲葉 2011など］。また，ひとり親世帯や親の離婚経験が教育達成に対して与える影響は，女性においてより顕著であることも明らかとなっている［稲葉 2016など］。

　家族構造のうち，母子世帯の教育達成や学力形成上の不利を説明する仮説と

して「経済的剥奪仮説」がある。日本の母子世帯の場合，母親はパートやアルバイトなど低賃金の非正規雇用で就労すること多く，正規雇用で就労していたとしても中途採用となるケースが多いため，就労による所得が上がりにくい[周 2012]。また日本では，離別した父親との間に養育費に関する取り決めがなされていない，あるいは取り決めがなされていても養育費が途絶えるケースが多い。その結果として経済的に困窮した状態に陥りやすく，2016年の「全国ひとり親世帯等調査」によれば，2015年の母子世帯の養育費を含む世帯全体の収入は348万円にとどまっている[厚生労働省 2017]。[1]

　経済的資源の総量が少ない母子世帯では，教育資源の不足や学費の負担など教育を賄う費用に制約を抱えやすいため，ふたり親世帯との間に教育達成の格差が生じると考えられてきた。また，子どもが進学せずに就労すれば所得を得て家計を支えることができるため，低所得の母子世帯では進学よりも就労が選択される可能性もある。しかし，これまでの日本の研究から母子世帯で暮らす子どもの教育達成や学力形成上の不利に対して経済的資源の不足は重要な要因であるものの，経済的資源以外の要因について検討する必要性も主張されている[余田 2012など]。

2.2　経済的資源の分配ときょうだい構成

　きょうだい構成に関する研究は家族が保有する教育資源の分配を問題としており，きょうだい数を扱ったものと，出生順位や性別構成を扱ったものとに大別できる。

　きょうだい数の影響は，「資源希釈仮説」から説明される[Blake 1981]。資源希釈仮説とは，きょうだいの数が増えるほど1人当たりに投資される教育資

---

1) 国民生活基礎調査では子どもがいる現役世帯のうち，大人が1人の世帯では相対的貧困率は48.3%であることも示されている[厚生労働省 2020]。大人が1人の世帯には母子世帯と父子世帯を含んでいるが，日本ではひとり親世帯の多くが離別母子世帯であること考慮すると，相対的貧困という基準に照らしても母子世帯が経済的に困窮していると言える。

源が減少し，教育達成に不利が生じるとするものである。教育資源には文化的資源や親の関与など広範なものが含まれるが，所得に代表されるような経済的資源の希釈に対する関心が高い。

　きょうだい数の影響はコーホートによって異なる結果が得られている。コーホートの区分は研究によって多少異なるが，きょうだい数の多い戦前生まれを中心とするコーホートに比べ，きょうだい数の少ない戦後生まれを中心とするコーホートでは，きょうだい数が多いほど，教育達成において不利になると指摘されている［近藤 1996など］。しかし，より近年のコーホートを対象とした平沢・片瀬［2008］は，1971年から1980年生まれのコーホートで教育達成に対するきょうだい数の影響が統計的に有意でなくなっていると指摘している。

　きょうだいの出生順位や性別構成による家族内部での資源の分配は「選択的投資仮説」から説明がなされる［Becker 1981］。選択的投資仮説は，家族の保有する有限の資源を子どもに投資する際に，親は出生順位や性別など子どもの特性に応じて傾斜的に分配しているとするものである。日本では，長男が優先的に教育投資を受けているのか，あるいは家財を相続しない次三男へ優先的に教育投資が行われているのか，という問題が古くから取り組まれている［安田 1971］。

　出生順位についてもきょうだい数と同様にコーホートによる影響の違いが指摘されている。戦前から1955年生まれのコーホートでは出生順位が遅い子どもの方が教育達成において有利であるが，1955年頃を境に出生順位が遅いと教育達成に不利が生じる［荒牧・平沢 2016など］。また苫米地［2018］は，出生順位が遅いことによる教育達成の不利は，1971年以降のコーホートではそれ以前のコーホートに比べて弱まっていることを指摘している。

　きょうだいの性別については，きょうだい内で比較すると女性の方が学歴が低くなることや，近年では長男や長女であることが教育達成に対して影響を持たないことが指摘されている［苫米地 2012など］。また平沢［2011］は，きょうだい数を男性きょうだい数と女性きょうだい数に分けて分析し，きょうだいの性別に関わらずきょうだい数が増加すると教育達成において不利になること，そ

の影響は回答者本人の性別と同性のきょうだい数の方が大きいことを示している。これは，同一性別内での資源の希釈が重要であることを示唆している。

　さらに近年ではきょうだい構成について家族間効果と家族内効果を区別して推定する研究も見られる。たとえば藤原［2012b］は出生順位の負の効果（家族内効果）が世帯収入によって異なる（家族間効果）ことを示した。経済状態に制約のある低収入の家族では教育資源を選択的に投資せざるを得ないため，きょうだい間で教育達成の差が大きくなるが，経済的に余裕のある家族では子どもに対して比較的平等に教育投資が行われ，きょうだい構成による教育達成の差が小さくなることを意味する。

2.3　分析1：資源希釈仮説と選択的投資仮説

　まず家族構造の影響について JLPS-J を用いて分析を試みた。くわしい分析結果は，章末の**付表**に示してあるが，ここでは必要な結果だけを抜き出して論じる。高校偏差値に対して，ふたり親世帯と母子世帯の間の有意差は子どもの性別が男子の場合のみ確認され，母子世帯であると高校偏差値が低くなる（付表：モデル 1a）。しかし，親の職業や学歴，年収を統制すると，ふたり親世帯と母子世帯との間に有意差はなく，母子世帯の影響は階層的地位の低さに起因していると考えられる。

　次に，経済的資源の分配に関わる資源希釈仮説と選択的投資仮説について分析を行った。男性きょうだい数と女性きょうだい数に分けて分析した結果（モデル 1a・1b），男子の場合，男性きょうだいや女性きょうだいが増加しても，高校偏差値が低くなるという結果は見られない。[2]これに対して，女子の場合は，男性きょうだいが増加すると高校偏差値が低くなる。入学した高校偏差値の違

2）きょうだいの人数を性別後に分けずに分析に投入すると，男子の分析結果でもきょうだい数が増加すると高校偏差値は低くなるため，男子についても資源希釈によるきょうだい数の影響はあると考えられる（付表1：モデル 3a など）。ただし，男子に見られるきょうだい数の影響は，年収や成績を統制すると確認されなくなる（付表1：モデル 3b）。

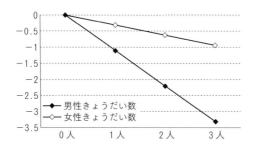

図5‒1　子どもの性別が女子の場合のきょうだい数
による高校偏差値の推定値

（付表2：モデル1bに基づく推定値。きょうだいがいな
い場合を0とした場合）

いを推定した図5‒1によると，男性きょうだいが1人増えるごとに高校偏差
値が1.104ずつ下がっていく。女性きょうだい数も1人増えるごとに0.314ずつ
低くなるが，この影響は統計的に有意ではなかった。

　対象子が男子の場合には女性きょうだい数が高校偏差値に影響を与えていな
いことを踏まえると，女子は男性きょうだい数への優先的な投資による影響を
受けており選択的投資仮説が支持されると言える。この結果は平沢［2011］と
は異なり，家族の保有する資源の選択的な投資は男子に傾斜して行われている
ことを示しており，最新のコーホートにおいて家庭内での教育投資に性差が存
在することは注目に値する。きょうだいの影響はコーホートによる違いが報告
されていることから，今後の趨勢を把握することは重要な意味を持つだろう。

▼ 3　文化的資源による教育格差 ◢

　家族の文化的資源も教育格差を生み出すものの1つと考えられてきた。その
中でもブルデューは文化的素養は家庭や学校を通じて蓄積され，増殖し，利益
を生み出すことから，「資本」概念を文化に拡張し，「文化資本」を提示した。
そして彼は，文化資本を用いて世代間での階層的地位の再生産について説明を
行っている［ブルデュー 1990 など］。階層的地位の高い家族では，その社会の

「正統文化」とされる知識や教養が親から子に相続される。家庭内での長期にわたる社会化を通じて伝達された「正統文化」は，学校教育と親和的であるため，良い学業成績や高い学歴を得ることにつながっていく。そして高い学歴は，その後の高い職業的地位や高所得に結びつき，世代間で階層的地位の再生産が生じる，というのが主旨である。

　ブルデューは教育達成の格差の原因を支配階級の再生産戦略に求めており，文化資本の相続において家族が重要な役割を果たしていると考える。そのため，ブルデューに連なる後続の研究においては，家庭内での文化資本の相続過程や相続された文化資本が学業成績や教育達成に与える影響が検討されてきた。また文化資本の捉え方も多様であるが，近年は文化資本を子どもの生活全般に対する親の教育的関与として捉える研究が注目を集めている。

3.1　読書・芸術文化資本と親の教育的関与

　文化資本として「読書文化資本」と「芸術文化資本」に着目した研究がある［片岡 2001など］。読書文化資本は幼少期に親から読み聞かせを受けた経験や文学作品や歴史作品などの現在の読書習慣を指し，芸術文化資本は幼少期のクラシック音楽や芸術作品などへの接触経験や現在の芸術鑑賞活動を指す。このうち，芸術文化資本の効果が検出されており，その保有量が多ければ，学業成績が高くなり，また高いランクの高校に進学する傾向がある。さらに文化資本による学業成績の上昇や高い教育達成は女子において顕著であることが明らかにされている［片岡 2001］。

　親子間での文化資本の相続過程に目を向けてみると，親の学歴や職業的地位が高いほど親の文化資本の保有量も多くなり，さらに文化資本の保有量の多い親を持つ子どもは文化資本の保有量も多くなることが指摘されている［松岡・中室・乾 2014］。しかし，文化資本が家庭内での相続によるものではなく，主に学校教育を通じて形成されることから，日本における文化的再生産に否定的な報告もあり，一致した見解は得られていない［荒牧 2011など］。

　このように文化資本をクラシック音楽や絵画鑑賞などの「ハイブロウ（High-

brow）」な文化として捉える研究がある一方で，子どもの生活全般に対する親
の持続的な教育的関与を文化資本として捉える研究が近年注目を集めている。
代表的な研究として，Lareau による子育ての階級差に関する研究［Lareau
2002 など］がある。Lareau はミドルクラスと労働者階級について，子育ての目
標や，子どもの生活の構造化の程度や言語の使用，学校に対する信頼など教育
的関与の様々な側面が階級間で異なることを調査から明らかにした。Lareau
の研究は質的調査に基づくものだが，量的な分析からも，Lareau の研究結果
と対応するような結果が得られている［Cheadle and Amato 2011］。

　日本では本田［2008］によって子育て方針のあり方について階層差が示され
ている。本田は母親の子育てを，生活習慣のしつけや勉強を厳しく行う「きっ
ちり」型と，子どもに様々な経験をさせ，子どもの自主性を重視する「のびの
び」型に分類した。階層的地位が高いほど双方の子育て方針を取り入れている
が，階層が高い家庭では「きっちり」型の子育てをより重視する傾向がある。
さらに「きっちり」型の子育てを行うと，中学 3 年生時点での学業成績が高く
なり，学業成績を通じて高い学歴に結びつくことが示されている。これ以外に
も親による学習への介入や親子間の会話などを親の教育的関与として扱うもの
もある［Matsuoka et al. 2015 など］。学歴の高い親は子どもの学習に介入し，そ
の結果として子どもの学習時間が長くなることや，親子間での会話が頻繁であ
ると学力も高くなることが報告されている。

3.2　分析 2：小学校時点での文化資本の影響

　JLPS-J では，子どもが小学生の時に行った文化経験や文化活動として「美
術館や博物館へ連れて行った」，「ミュージカルやクラシックコンサートへ連れ
て行った」，「読み聞かせをした」の頻度を母親に対して 5 件法で尋ねている。
このうち，「美術館や博物館へ連れて行った」，「ミュージカルやクラシックコ
ンサートへ連れて行った」の回答の平均値を「芸術文化資本」，「読み聞かせを
した」の回答を「読書文化資本」として分析を進めていく。

　分析の結果（付表：モデル 2a），子どもの性別に関わりなく，読書文化資本は

高校偏差値に対して統計的に有意な影響を与えていない。芸術文化資本は男女共に高校偏差値に対して影響し，芸術文化資本が多いほど高校偏差値は高くなる。この芸術文化資本の影響は，親の学歴や職業や中学3年生時点での学業成績を統制しても確認される（モデル2b）。ただし，これらの変数を統制すると芸術文化資本の回帰係数は男子では42.2％減少（1.602から0.926）し，女子では19.0％減少（1.778から1.440）している。文化資本は，男子よりも女子の方が階層的地位や学業成績に左右されにくく，高校偏差値に対してより直接的な影響を与えている。

　先行研究では文化資本は女性のみに影響すると報告されているが，ここで行った分析からは男子でも女子でも芸術文化資本の影響が見られた。ただし，荒牧［2011］も指摘するように，親が子どもに対して施す文化活動や文化経験によって文化資本が相続されたとみなせるのか，という点については留意が必要だろう。親が主体的に行う文化活動や文化経験によって文化資本の相続が生じているのか，今後さらなる検証が必要とされる。

4　合理的選択に基づく教育格差

4.1　参照基準としての親の職業・学歴

　親が保有する資源・資本（の量）とは別に，教育の選択に関わる意思決定に着目し，それが親の職業的地位や学歴を参照基準としていることを論じた，「合理的選択理論」に基づく説明がある。その基礎となるブードン［1983］の提唱したモデルによると，階級・階層差が生じるのは，学業成績や学力に対する影響（1次効果）と，教育選択に対する影響（2次効果）から説明される。このうち2次効果は，ある教育選択は家族の社会的位置に結びついた費用，利益，成功確率をもとにした合理的選択であるとされる。

　このモデルについて，特に2次効果に着目し，議論を発展させたのがBreen and Goldthorpe［1997］である。彼らは出身階層による教育機会の不平等の生成を(1)資源の階層・階級差，(2)学力や成功の予想についての階層・階級差，

(3) 相対的リスク回避（Relative Risk Aversion, 以下，RRA）から説明を行っている。RRA が想定するのは，教育過程にある当事者（親や子ども）が，出身階層・階級を基準点として，それを下回る確率を最小化するような教育選択を行うというメカニズムである。出身階層・階級によって異なる教育選択が行われる結果，出身階層・階級の不平等が生成されるとしている[3].

　日本における RRA を検証した研究では，高校選択については RRA が支持され，大学進学については男性では RRA が支持されるとの報告がある［藤原 2012a など］。一方で，高等教育進学について高校時点での成績に着目した分析や，職業期待や教育期待を用いた分析では RRA が支持されていない［藤原 2011 など］。さらに，これらの日本の研究は，データで確認される変数間の関連が RRA から予測される関連と一致するかどうかに焦点を当てた RRA の間接的な検証にとどまっているという指摘［荒牧 2010］もあり，教育的不平等を生成するメカニズムとして日本において適合するかどうかは，さらなる検証が必要だろう。

　また RRA は親の職業を基準とするが，親の学歴に着目した説明もなされている。日本では親子間での学歴が一致する傾向が強く，その点について吉川［2006］は親の学歴を基準として，それを下回る確率を最小化するような教育選択を行うとする「学歴下降回避」による説明を試みている。学歴下降回避についてもデータによる検証が行われており，この仮説が支持されている［藤原 2012a など］。

4.2　分析 3：RRA と学歴下降回避

　ここでは藤原［2012a］の仮説と分析モデルの一部にしたがって，高校偏差値を従属変数としたときの，親の学歴と職業が与える直接効果と間接効果の検討から RRA と学歴下降回避の両仮説を検証する（付表：モデル 3a・3b）。藤原は RRA や学歴下降回避のメカニズムを，高い高校ランクが高い学歴に結びつき，

---

3) RRA の詳細な説明は Breen and Goldthorpe［1997］ほか，藤原［2012a］などを参照のこと。

学歴が職業達成に影響する日本の特徴を前提に捉えている。親が専門・管理職の子どもは，親の職業的地位を下回らないためには，高い学歴が必要となるため，高いランクの高校に進学することが合理的な選択となる。一方，親がマニュアル職の子どもは高校を卒業すれば親の職業的地位を下回る見込みが少ないため，高校ランクを高める必要はない。これを踏まえて藤原は，(1) 親の学歴や職業は経済的資源や学力を媒介として高校ランクに間接的な影響を与えること，(2) 経済的資源，学力，親の学歴を統制しても親の職業の直接効果は確認されること（RRA），(3) 経済的資源，学力，親の職業を統制しても親の学歴の直接効果は確認されること（学歴下降回避）を仮説として提示しており，本章でもこの仮説を検証する。

　図5‒2と図5‒3は，経済的資源や学力を統制した後でも高校偏差値に対して有意な影響がある親学歴や親職業について，偏差値の差と直接・間接効果の割合を示したものである。まず図5‒2に示した男子の場合，親の学歴の違いによって生じる高校偏差値のうち，50％前後は学歴下降回避のメカニズムによって生じている。また親の職業について，マニュアル職に比べて専門職・管理職であると高校偏差値が5.043高くなるが，このうち37.3％はRRAによって生じている。続いて図5‒3には女子の結果を示している。女子では，親の学歴の違いによって生じる高校偏差値の差のうち，58.5％（親が共に高等教育と非高等教育の差），および78.3％（親の一方が高等教育と親が共に非高等教育の差）が学歴下降回避のメカニズムによって生じていると考えられる。さらに女子では，経済的資源，学力，親の学歴を統制すると親の職業の影響は確認されず，RRAのメカニズムが働いているとは言えない。

　この結果から，RRAと学歴下降回避のメカニズムには男女差があると言える。男子では，親の職業と学歴の双方を基準とした教育選択のメカニズムが働いている。女子では親の学歴を参照基準とした学歴下降回避のメカニズムは働いているが，親の職業を基準としたRRAは確認できなかった。男性に比べると女性は高い学歴を得ても，出産などのライフイベントによって退職しやすく，再就職する場合にも，非正規雇用での就業になりやすい。就業を継続しやすい

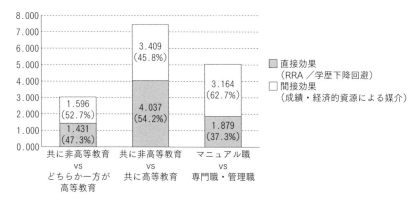

図 5‑2　親の学歴と職業によって生じる偏差値の差と直接・間接効果の割合
（男子，付表 1：モデル 3a・3b に基づく）

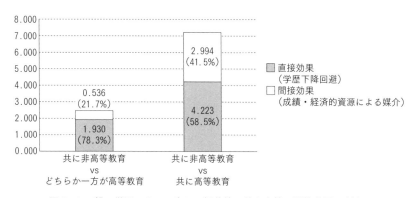

図 5‑3　親の学歴によって生じる偏差値の差と直接・間接効果の割合
（女子，付表 2：モデル 3a・3b に基づく）

女性は，看護師や薬剤師など医療系の専門職や教員であるという報告［小松 2019 など］を踏まえれば，女子では親の職業的地位を下回らないための合理的な教育選択は，高校進学時ではなく，大学の学部や専攻の選択といったより職業選択と関連した局面で生じる可能性が考えられる。男女の RRA と学歴下降回避のメカニズムの違いについては今後さらなる検証が望まれる。

▼ 5　家族に起因する教育格差 ◢

　本章では教育機会の格差について家族に起因する要因に焦点を合わせて研究を概観してきた。それぞれの理論的説明や仮説が想定するメカニズムは異なるものの，親世代の資源や地位は家族の成員の状況や家族内部での相互行為など多様な経路を通じて，教育機会の格差に影響を与えている。自分自身では変えがたい家族の状況が教育機会の格差につながる現状はたとえ容認できるものではないとしても，政策的に介入しにくい文化的要因や主体的選択によって生じる格差の是正には困難が伴う。

　さらに本章の分析結果から，家族が教育に及ぼす影響は子どもの性別によって違いがあることが示された。きょうだい数という要因に着目すると，女子は経済的資源の分配において選択的投資の対象とされにくいことが推察される。また，子どもの教育選択に着目した合理的選択理論の枠組みにおいても，女子の場合はその親の職業的地位が参照基準となっていないことが示されていることから，学卒後の職業生活の展望が教育戦略や教育選択の性差につながる可能性も十分に考えられる。今後の研究において，そうしたライフコースの展望を考慮することや，学校歴や大学進学時の学部や学科，専攻等の分析は，親の教育戦略の差異や子どもの教育選択のメカニズムを明らかにするために必要となるだろう。近年では，本章で使用した JLPS-J を含め教育や家族に関する調査の蓄積が進みつつあり，多様なデータによる検証がさらに期待される。

【付表】分析結果

従属変数：高校偏差値

独立変数：きょうだい数、男性きょうだい数、女性きょうだい数、家族構造、親学歴、親職業、世帯収入、中学3年生時点の成績、文化資本

付表1　高校偏差値を従属変数とした重回帰分析（対象：男子）

	モデル1a B	モデル1a S.E	モデル1b B	モデル1b S.E	モデル2a B	モデル2a S.E	モデル2b B	モデル2b S.E	モデル3a B	モデル3a S.E	モデル3b B	モデル3b S.E
家族構造（Ref＝「ふたり親世帯」）												
母子世帯	−4.458	1.983*	0.184	1.431	−3.396	1.796	0.045	1.303	−2.267	1.634	0.096	1.308
きょうだい数												
男性きょうだい数	−0.730	0.598	−0.713	0.417	−1.144	0.569*	−0.538	0.399	−1.337	0.512**	−0.645	0.398
女性きょうだい数	−1.182	0.678	−0.874	0.473								
文化資本												
読書文化資本					0.351	0.410	−0.156	0.289				
芸術文化資本					1.602	0.531**	0.926	0.375*				
親学歴（Ref＝「共に非高等教育」）												
どちらか一方が高等教育			1.531	0.730*			1.287	0.712	3.028	0.911**	1.431	0.712*
共に高等教育			4.204	0.819**			3.910	0.794**	7.445	0.971**	4.037	0.794**
親職業（Ref＝「マニュアル」）												
専門・管理			1.759	0.817*			1.787	0.795*	5.043	0.974**	1.879	0.794*
事務・販売			0.950	0.763			0.763	0.738	3.002	0.939**	0.812	0.739
世帯所得（Ref＝「～425万円未満」）												
425万円以上～600万円未満			0.357	0.824			0.368	0.799	0.408	0.799	0.408	0.799
600万円以上～800万円未満			2.136	0.930*			1.682	0.898	1.799	0.900*	1.799	0.900*
800万円以上～			2.620	0.957**			2.495	0.927**	2.695	0.927**	2.695	0.927**
中学3年生時成績			4.769	0.253**			4.744	0.244**			4.732	0.245**
定数	52.740	0.949**	31.730	1.189**	48.541	1.616**	30.155	1.467**	47.026	1.022**	31.649	1.173**
N	572		572		597		597		597		597	
Adjusted R-square	0.007		0.521		0.031		0.530		0.208		0.525	

＊：p＜0.05，＊＊：p＜0.01

注：モデル1：家族構造・きょうだい構成の効果
　　モデル2：文化資本の効果
　　モデル3：RRA・学歴下降回避の効果

それぞれ a は該当する変数のみを含めたモデル、b は他のすべての変数を含めたモデル

付表2　高校偏差値を従属変数とした重回帰分析（対象：女子）

	モデル1a B	モデル1a S.E	モデル1b B	モデル1b S.E	モデル2a B	モデル2a S.E	モデル2b B	モデル2b S.E	モデル3a B	モデル3a S.E	モデル3b B	モデル3b S.E
家族構造 (Ref＝「ふたり親世帯」)												
母子世帯	-1.526	1.758	1.793	1.302	-1.190	1.637	1.323	1.254	-0.164	1.558	1.125	1.267
きょうだい数												
男性きょうだい数	-2.079	0.622**	-1.104	0.441*	-0.900	0.505*	-0.526	0.368	-0.966	0.471*	-0.741	0.367*
女性きょうだい数	-0.773	0.598	-0.314	0.422								
文化資本												
読書文化資本					0.234	0.361	-0.340	0.263				
芸術文化資本					1.778	0.459**	1.440	0.337**				
親学歴 (Ref＝「共に非高等教育」)												
どちらか一方が高等教育			1.853	0.634**			1.811	0.628**	2.465	0.814**	1.930	0.635**
共に高等教育			4.365	0.699**			3.939	0.697**	7.218	0.871**	4.223	0.701**
親職業 (Ref＝「マニュアル職」)												
専門職・管理職			0.822	0.701			0.732	0.695	2.329	0.872**	0.759	0.702
事務職・販売職			1.117	0.653			1.198	0.649	1.254	0.839	1.106	0.656
世帯所得 (Ref＝「～425万円未満」)												
425万円以上～600万円未満			1.854	0.761*			1.799	0.755*			1.746	0.765*
600万円以上～800万円未満			1.500	0.807			2.123	0.794**			2.012	0.803*
800万円以上～			3.869	0.824**			3.300	0.819**			3.528	0.827**
中学3年生時成績			4.700	0.233**			4.591	0.227**			4.557	0.229**
定数	52.964	0.879**	30.764	1.180**	47.418	1.523**	28.841	1.426**	47.821	0.952**	31.401	1.136**
N	616		616		656		656		656		656	
Adjusted R-square	0.015		0.510		0.035		0.494		0.140		0.481	

＊：p＜0.05、＊＊：p＜0.01

謝辞

本研究は JSPS 科研費（JP19H01637）の助成を受けたものです。

パネル調査データの使用にあたっては東大社研パネル運営委員会の許可を受けました。

第 II 部

格差が人々の行動・意識に与える影響

第 **6** 章

弱い紐帯の強み（The strength of weak ties）再訪
──包摂の機能に着目して

石田光規

▚ 1　弱い紐帯への注目 ◢

　ネットワーク論における著名な仮説の１つに，グラノヴェッター［1998, 2006］が立てた「弱い紐帯の強み（The strength of weak ties)」仮説がある。人間関係を軸に情報伝達，社会統合に言及したこの仮説は，着眼点の面白さもあり，研究発表後多くの反響を呼んだ。

　仮説の提唱から50年弱の歳月が経過した現在も，この仮説の重要性が色あせることはない。それどころか，個人化が指摘され，諸個人の関係性の不安定さが指摘される現代社会においてこそ，見直されるべきである。そこで，本章では，まず，グラノヴェッターの「弱い紐帯の強み」仮説と，それにまつわる一連の研究を紹介し，次に，現代社会における「弱い紐帯」の重要性を指摘する。そのうえで，いくつかの事例から，現代社会において「弱い紐帯」が機能する場面を紹介し，「弱い紐帯の強み」仮説の再検討を行う。

▚ 2　弱い紐帯にまつわる一連の研究 ◢

2.1　原初としてのグラノヴェッターの研究

　議論の手始めに，グラノヴェッターの「弱い紐帯の強み」仮説について簡単に振り返っておこう。弱い紐帯の仮説を特徴づける最も重要な要素は，「弱い

紐帯」が，異なった社会圏で生活する人々を結びつける「ブリッジ」になりやすい，という想定だ。あまり会わない人や，あまり親しくない人々どうしが，それぞれに異なった社会に属するという発想は，実社会に照らしても，決して的外れではあるまい。だからこそ，弱い紐帯は，同じ社会の人々どうしを結びつけやすい強い紐帯よりも，情報伝達，社会統合において機能を発揮する，というのが，「弱い紐帯の強み」仮説の要諦である。[2]

グラノヴェッターは，自らの仮説を，管理職・専門職・技術職の転職を事例に検討した。その結果，転職を行う人々の大半は，ネットワークを通じて就職情報を得ており，なかでも弱い紐帯が収入や地位の面で，より有用な情報をもたらすことを明らかにした。

人々が取り結ぶ人間関係の効果について論じた研究は，これまで，親密で頻繁に会う「強い紐帯」を重要視し，研究対象としてきた。これらの研究と一線を画し，あまり頻繁に会わず，さして親しいわけではない「弱い紐帯」の効果に着目したグラノヴェッターの研究は，着眼点の面白さも含め，多くの人々の注目を集めた。以降，弱い紐帯，強い紐帯それぞれについて多様な議論がなされている。

2.2 弱い紐帯の研究の広がり

弱い紐帯の効果については，その後，様々な研究で指摘されている。たとえば，弱い紐帯の情報伝達機能に着目した就職・転職・地位達成研究，社会統合の機能に着目したネットワーク構造の研究が挙げられる。それぞれ簡単にまとめたうえで，弱い紐帯の研究の問題点についてもふれておこう。

---

1) グラノヴェッターは紐帯の強さについて，論文内では，「ともに過ごす時間量，情緒的な強度，親密さ（秘密を打ち明け合うこと），助け合いの程度」［グラノヴェッター 2006：125］の4点から定義している。しかし，実際の分析では，接触頻度のみから紐帯の強弱を測定している。

2) このほかにも，弱い紐帯は推移性をもたないゆえに，関係の構造を閉鎖的にしにくいといった想定もあるが，その点は議論が複雑になるため，本章では扱わない。

(1) 就職・転職・地位達成における機能

　就職・転職・地位達成研究では，弱い紐帯が有用な情報をもたらすゆえ，行為者に高い地位や高収入の職をもたらす，という仮説が検討されてきた。しかし，その効果は，国や地域あるいは，調査によって異なっている。

　グラノヴェッターと同じアメリカで研究をした Lin ら [1981] は，地位達成における弱い紐帯の効果は，諸個人の階層的位置に応じて異なるという知見を見出した。行為者と異なる社会圏に属する人を結びつける弱い紐帯は，低い階層にいる人が上位の階層にいる人と結びつくには有効だが，もともと上位にいる人には，その効果が薄れるのである。

　強い紐帯が有効とする研究もいくつかある。中国での就職活動を研究した Bian [1997] は，信頼と義務を内包する強い紐帯の方が有効という結論を導いている。強い紐帯が有効である点は日本においても同様で，渡辺 [1991] は，日本での転職にあたって高い収入や満足を得るには，強い紐帯を用いた方がよいという結論を導き出している[3]。

　また，石田 [2009]，石田・小林 [2011] は，日本での転職，就職には，強い紐帯（家族・親族）が有効であるものの，その機能は，よりよい就職情報といった情報伝達機能ではないと指摘している。そのさい考慮されたのが，日本の労働市場の特質である。すなわち，流動化の度合いの少ない日本の労働市場では，そもそも，高い地位をもたらす情報源としてネットワークが用いられる機会は少なく，ネットワークは倒産，リストラなどの不測の事態で離職した人のサポート，職業不適応を回避するマッチングの役割を果たすことが多い。ゆえに，高いサポート効果を見込める強い紐帯が機能を発揮する，というのが彼らの研究の要諦である。

　これらの研究にみられるように，就職・転職・地位達成において，どのような紐帯が有効かは，分析対象となる人々が属する状況に左右される。したがって，いちがいに，どのような紐帯が有効とは言いがたい。

3）ただし，渡辺は，2000年あたりから，日本においても弱い紐帯が有効になりつつあると指摘している [渡辺 2003]。

(2) 社会の統合

　弱い紐帯の社会統合の機能についても，その賛否は分かれている。グラノ
ヴェッターの論考が発表された 1 年後に，Blau［1974］は，弱い紐帯の社会統
合機能に賛同する論文を執筆している。しかし，その後，日本で展開された議
論では，「集団間のブリッジとして作用するような紐帯はむしろある種の強さ
を必要とする」［盛山 1985：170］，「弱い紐帯が局所ブリッジになりやすいとし
ても，つねに集団間をつなぐ機能として働くわけではない」［平松 1990：23］な
どと否定的な見解が述べられている。

　これらの議論を反映するかのように，1990年代後半から2000年代にかけて，
数多くの場で展開される，人やものが取り結ぶネットワークの構造全体を射程
とした議論や，ソーシャル・キャピタル（social capital）の議論は，ネットワー
クのブリッジの機能を称揚するものの，弱い紐帯への注目は相対的に薄くなっ
ている。[4]

2.3　弱い紐帯の問題点と魅力

　弱い紐帯への関心が相対的に薄れている，あるいは，紐帯の効果がいまひと
つはっきりしない理由として，概念そのものの曖昧さを指摘できる。グラノ
ヴェッターは，1973年の論文で紐帯の強弱を規定する要素として「ともに過ご
す時間量，情緒的な強度，親密さ（秘密を打ち明け合うこと），助け合いの程度」
［グラノヴェッター 2006：125］を挙げている。

　概念の曖昧さを反映するかのように，就職・転職・地位達成研究では，紐帯
の強弱を測定するにあたり，多様な操作化がなされ，それぞれに異なった結論
が導かれている。こうした状況は，概念の多様さゆえに理論の一貫性が損なわ
れる［盛山 1985；鹿又 1991］，ネットワークの効果を紐帯の強弱といった単純な

4）ネットワーク構造全体を射程とした議論については，バラバシ［2002］やワッツ［2004］
　を参照されたい。また，ソーシャル・キャピタルの研究では，結束型（bonding）と橋渡
　し型（bridging）の 2 つのつながりの重要性が指摘されている。これらは，前者が強い紐
　帯，後者が弱い紐帯とほぼ対応するものの，紐帯の強弱の議論はそれほどなされていない。

議論に落とし込むことには問題がある［Wegener 1991］という批判を呼び込んでいる。

　確かに，紐帯の強弱という概念は曖昧である。だからこそ，紐帯の強さを表す最適な指標は何かという研究もなされてきた［Marsden and Campbell 1984］。しかしながら，1つの概念に，おおよそ1つの測定法のみが対応するという状況は，じつのところ，そう頻繁にあるわけではない。たとえば，先ほど挙げたソーシャル・キャピタルや家族，郊外など，社会学の概念はおおむね多様である。もっとも，計量研究には職業威信や階層帰属意識のように測定法の確立した概念も存在する。しかし，これらの概念は，測定法が固定化されているゆえに，「職業威信」や「階層帰属意識」はいったい何を測定し，何を表しているのか，という論争も引き起こしてきた。

　紐帯の強弱は確かに曖昧な部分はあるが，感情的な親しさや重要性，生活の共同性の度合いを軸に構成されていることは，多くの人にとって異論あるまい。また，ふだん会わないが親しい友人と，毎週訪れる飲食店の店員では，おそらく，多くの人が前者を強い紐帯に位置づけるだろう。細かな操作化にこだわりすぎてしまうと，かえって，弱い（強い）紐帯のもつ魅力を見落としてしまう可能性がある。

　1973年にその効果が指摘された弱い紐帯は，個人化の進んだ現代社会にこそ，いっそうの強みをもちうる。以下では，現代社会の事情に照らしつつ，あらためて，弱い紐帯の強みを位置づけ，事例をもとにその「強み」を検討していく。

▼ 3　強い紐帯のジレンマと弱い紐帯の強み ◢

3.1　現代社会の人間関係

　個人化［ベック 1998］や液状化［バウマン 2001］の議論に代表されるように，家族，企業，地域など，人々の拠り所となってきた中間集団の衰退が指摘されて久しい。中間集団の拘束が揺らいだ社会では，「つきあわねばならない」関係は縮小し，個々人は自らの選好に応じて，自由に人間関係を構築する余地が

増える。石田［2018b］は，このような関係を「選択的関係」と名づけた。

「選択的関係」が支配的な時代に重視されるのは，当事者どうしのコミットメントである。というのも，人間関係の維持・形成は，選択権を与えられた当事者たちの積極的関与によって成り立つからだ。ギデンズは，社会的・経済的生活といった外的条件ではなく，お互いの関係性への欲求を基軸として成り立つ関係を「純粋な関係（pure relationship）」と称し，その増加を指摘した［ギデンズ 1995, 2005］。

当事者同士の積極的関与によって成り立つ人間関係の最大の利点は，行為者個々人が自らの好みに合わせて関係を構築および解消できることである。これにより，人々はやや閉塞感の強い集団から脱出する機会を得た。家庭や職場からの解放の議論は，こうした現象を下地においている。しかしその一方で，こうした人間関係は，人々にいくつかの課題をつきつける。すなわち，人間関係を円滑に進める行動様式の確立とそれに基づく関係の構築・維持である。

人間関係が，関係そのものに対する相互のコミットメントにより成立するのであれば，関係の維持・形成に必要な要件は，社会ではなく当事者間で用意しなければならない。つまり，関係をうまく進める材料をお互いに見出さなければならないのである。そのなかで強調されるようになったのが，人間関係の成立要件としての相互もしくは相手の満足や相互の承認である。この関係性の変化が，強い紐帯および弱い紐帯の役割に変化をもたらす。

3.2 強い紐帯のジレンマ

お互い選び，選ばれることで成り立つ選択的関係を維持するにあたり重要なのは，相手に選んでもらえる材料を取りそろえることだ。選択的関係の維持には，相手の気を引くような材料を取りそろえ，相手の満足感を持続させることが重要なのである。このような関係性にマイナスの材料を持ち込むことは，関係を存続の危機にさらすため避けなければならない。

そうなると，人々は関係を存続したいと望む相手に対してほど，対立を回避し，自らの悪しき部分を隠すようになる。というのも，対立や悪しき部分の開

示は，関係性を崩壊に導くかもしれないからだ。結果として，人々は自らが相手との関係の存続を望む強い紐帯に，弱みや本音をぶつけられないというジレンマに陥る。

こうした傾向は若者の友人関係に顕著に見られる。日本では，1980年代後半から，「新しい青年観」に基づく友人関係が台頭してきた［栗原 1989；千石 1991］。この「新しい青年観」に基づく友人関係とは，親密性や内面の開示，共感をつうじて自我の確立に寄与する「従来」の友人関係と一線を画し，友人と深く関わろうとせず，互いに傷つけ合わずに，場を円滑にやり過ごすことに重きをおく友人関係を指している。

心理学研究では，おもに，大学生を対象とした質問紙調査の分析から，上述の傾向が見出されている。たとえば，岡田［1995］は，新潟県の4年制大学に通う学部生の調査から，若者の友人関係の特性として，気遣い，ふれあい回避，群れの3因子を抽出した。ここで言われる「気遣い」とは，相手に気を遣い，互いに傷つけないよう心がける志向，「ふれあい回避」とは，友人と深い関わりを避けて互いの領域を侵さない志向，「群れ」とは，ノリなど集団の表面的な面白さを追求する志向である。この分析結果をうけて，岡田は，1990年代以降の友人関係が「従来」のものと異なってきていることを指摘した。同様の結果は，岡田［1993, 2007］，松永・岩本［2008］にも見られている。

同じような指摘は社会学者からもなされている。その代表的な論者として土井隆義を挙げておこう。土井［2004, 2008］は，現代社会の友人関係を，お互いの感覚のみに依拠し，相手を傷つけないよう過剰に配慮する「優しい関係」と表現している。つまり，人々は，相手の気分を害さないよう心がけ，楽しい部分，望ましい部分を共有することで友人関係を成り立たせているのである。このような関係のなかで，自身の悩みや弱みをさらすのは難しい。

しかしながら，人生には環境変化やトラブルがつきものであり，悩みのない人生を送るのは，ほぼ不可能である。他方，関係の選択化が進むなかで，関係性のなかに「良い要素」を詰め込むことで維持される強い紐帯は，関係を結ぶ当事者が直面したマイナスの事態を隠す方向にはたらく。その結果，強い紐帯

は，その強さゆえに，苦境に陥った諸個人に関係からの撤退を促す，という矛盾した側面をもつ。この「強い紐帯のジレンマ」[5]について，多くの人が経験する育児や介護を事例に，より詳しく説明していこう。

3.3　弱い紐帯の包摂機能

育児や介護は，私たちの身近に起こりうる一方で，当事者に非常に大きな環境変化をおよぼす。だからこそ，現代社会は，そうした負担を少しでも減らすよう制度を整えている。とはいえ，制度ですべてを賄えるわけではなく，育児や介護にまつわる孤立問題は，様々な場で指摘されている[6]。この原因の1つとして「強い紐帯のジレンマ」が挙げられる。

育児や介護にかぎらず，諸個人が経験する環境変化やトラブルは，それが生じる前後に明確な断絶をもたらす。妊娠・出産前に育児問題を経験することはできないし，親が健全なうちに介護問題を経験することはできない。行為者と比較的仲のよい強い紐帯は，当然ながら，問題発生前の個人を軸に構成され，関係性を構造化してゆく。重要なのは，いったん構造化された強い紐帯は，諸個人の問題にあわせて改編される保証はない，ということだ。

たとえば，一緒に遊ぶ数人の仲間がいたとしよう。彼ら・彼女らは定期的に懇親会を開催し，共通の趣味ももっていた。このうち1人（Aさん）の親が倒れ，介護が始まったとする。Aさんには介護の負担，不安がのしかかるものの，なかなか仲間には言い出せない。というのも，不安の吐露はこれまでのAさんの"キャラ"には合わないものであり，また，介護の悩みを共有できる仲間はいないからだ。Aさんの仲間は仲間で，Aさんの個人的な事情にまで立ち入ることを躊躇する。結果として，Aさんは孤立感を深め，関係から離脱し

5）本書のテーマに照らすならば，「良い要素」で成り立つ強い紐帯では，「良い要素」をもちうる可能性の高い人，すなわち，資源に恵まれた人ほど優遇される可能性がある。翻っていうと，資源に恵まれない下層の人々を，関係性から排除する可能性がある。関係性からの排除を表す孤立に階層格差が存在することは，すでに指摘されており［石田2018b］，弱い紐帯は関係格差を打開する糸口にもなりうる。

6）詳細は石田［2021］を参照されたい。

てしまう。

こういった現象は育児や介護では頻繁にみられる。このほかにも，両親が子どものことを「しっかりしている」と思っているがゆえに，いじめなどの悩みを親に打ち明けられない子ども，子どもが不登校に陥ったゆえに，「ママ友」関係から切り離されてゆく母親，など，事例は多数ある[7)]。

強い紐帯は，深い仲であるからこそ，つながっている相手のイメージを問題発生前のもので固定し，問題を抱えた当事者による援助の要請を封殺してしまう。まさに「強い紐帯のジレンマ」である。このような状況で強い紐帯に打開策を求めるのは難しい。

一方，弱い紐帯で結ばれた人々は，問題を抱えた当事者との距離が遠いため，彼・彼女との利害が少なく，また，彼・彼女を固定したイメージで捉えない。それゆえ，問題を抱えた当事者は，関係性に対してさほど気を遣う必要がなく，弱さ，問題などを表出しやすい。つまり，弱い紐帯は，問題を抱えているにもかかわらず，頼るべき人がいない行為者の，孤立脱却の糸口として，機能する可能性がある。これを「弱い紐帯の包摂機能」としておこう。

弱い紐帯は，情報伝達のみでなく，強い紐帯が一見有効であると思える孤立からの脱却においても，重要な役割を果たしうる。そこで，次節以降では，育児，介護を事例として，弱い紐帯の包摂機能を検討してゆこう。

4　弱い紐帯の包摂機能の検証

4.1　育児の孤立からの脱却――弱い紐帯の強み1[8)]

既婚女性のSさんは，情報通信機器の商社で営業事務に携わっている。年

7）同様の事情は，引きこもり当事者にもあてはまる。引きこもり当事者のなかには，人混みのなかでは落ち着くものの，知り合いの視線はできるだけ避けたいという人がいる［石川 2006］。こうした人々にとって，自らをよく知っている強い紐帯からの視線は，避けるべきものであり，弱い紐帯による緩やかな包摂が心地よく感じられるのである。

8）この事例にかんする聞き取り調査は，2018年7月24日に約1時間行った。

齢は30代後半で，1歳7カ月を迎える子どもを抱えている。2018年12月まで育児休業を取得できるものの，平行して保育園を探している。彼女の事例から，強い紐帯の難しさ，および，弱い紐帯の強みをさぐっていきたい。

(1) 育児による孤立

　前節でも述べたように，育児や介護は，多くの人が経験する可能性があるにもかかわらず，そこに関連する人々の"ふつうの生活"を一変させる。この変化は，既存の関係を無力化させると同時に，人々を孤立に陥れるリスクをもつ。Sさんも同様の経験をしている。以下，事例をみてみよう。

　Sさんは，出産を経てから退院後，実家には戻らず，子育てをしていた。父親（夫）はいるものの「朝から晩まで仕事」のため，育児支援には手が回っていない。また，Sさんの母親は，夕方にはSさんの家に訪問していたものの，「日中は1人」でいることが多かった。そんななか，Sさんは，強い孤独感を味わう。以下の語りにはSさんの苦悩が表れている。

　　主人はいるんですけど，朝から晩まで仕事なので，しゃべる大人は母だけとか。特に子どもが新生児のときには，外に出てはいけないという感じがあるので，ここで誰も来なかったら，私食べ物がなくなって死ぬんだ，みたいな。きっとそういう考えになっちゃうのが産後クライシスで。ほんとに1人なんだなという感じですかね。
　　そのころは何をしても泣けるという感じでした。母にやさしくしてもらっても，主人が気が利かなくても泣ける。何でもかんでも泣けるみたいな。生まれてからの状況は病気と思ってもらったほうがわかりやすい。今までと違う人と思ってほしい。

　このSさんの苦悩に対して，出産前に築いてきた強い紐帯は，あまり機能しない。産前産後の人間関係の変化について尋ねると，「変わりましたね。頼るのはなかなか難しいですね。ママ友ができるまでは，相談のあてが少なかった。」と答えている。その理由として，産前に構造化された強い紐帯の弱みが

挙げられる。

　Sさんに，これまでの「友だち」とつきあわない理由を尋ねると，「やっぱり，子どもがいない友だちには悪いかなってなって。なんかつき合わせているかな，みたいな感じがするので。向こうも『大丈夫？』みたいになってしまって。」という答えが返ってきた。結局のところ，出産前に構造化された強い紐帯は，Sさんの目の前におきた「育児」という問題には対応しきれないのである。その結果，Sさんは，「何をしても泣ける」ような孤独感に襲われていた。

(2) 関係の再編へ

　孤独感を覚えたSさんではあるが，関係再編に向けての努力を続けていく。Sさんは，住まいのそばの「子育て広場」に顔を出し，孤独感の解消を試みる。しかしながら，関係の再編はそう簡単ではなかった。「結構，半年先生まれの子たちが占拠しているっていうか，もう友達関係が出来上がっていたので，入り込みづらかったです。」とのことだ。

　そんなSさんに転機が訪れたのが，民生委員の主催した子どもへのクラフトづくりのイベントである。このイベントは，クラフトを製作しているあいだ，民生委員が子どもを見てくれるため，机は母親たちだけになるそうだ。そこでたまたま話した相手と意気投合し，それ以降は，「何をするにもその子たちと一緒に」行動するようになり，孤立状況を脱した。

　ここで注目したいのが，Sさんが関係を再編する契機である。Sさんの強い紐帯は，妊娠・出産を経て解体し，その後，子ども向けのイベントを経て再編された。そのさい，子育ての仲間づくりを目的とした「子育て広場」はあまり機能しなかった。既存の強い紐帯により構造化された広場には，新参者のSさんを受け入れる余地はなかったのである。

　Sさんの関係再編のきっかけは，互いに面識のない人たちが集まるクラフトづくりのイベントであった。「クラフトづくり」を目的に，それぞれの人を緩やかに結びつける場がSさんの関係再編に寄与したのである。この事例から，弱い紐帯をつうじた緩やかなつながりが新たな出会いを促し，強い紐帯への包

摂に結びつけるはたらきをもつことがわかる。

　さて，弱い紐帯を契機に強い紐帯に包摂されたSさんであるが，彼女自身は，様々なイベントに顔を出すなど，関係づくりの努力をしていた。しかしながら，すべての人がSさんのように，積極的に行動できるわけではない。むしろ，問題化しやすいのは，支援を求める声を発しない人である。弱い紐帯は，そのようなケースに対しても有効な機能を発揮する。そこで，次に，介護の事例から弱い紐帯の強みをさらに追究していこう。

4.2　介護の孤立からの脱却——弱い紐帯の強み2 [9)]

　Mさんは，映像関係の仕事に携わる男性である。年齢は50代前半で，結婚はしていない。Mさんはもともと人付き合いが盛んで，出かけることも多かった。豊富な強い紐帯に囲まれていたのである。この生活が暗転したのが母親の介護である。この事例をもとに，強い紐帯のジレンマと弱い紐帯の強みについて探ってみよう。

(1) 介護による孤立

　Mさんは，母親の介護で大阪と東京の往復を3年以上続けていた。その苦労で心身ともに，強い疲労を覚えていたものの，その苦労を強い紐帯である数多くの「友だち」に打ち明けることはなかった。その理由をSさんは以下のように語る。

　　「大変じゃないです。大丈夫です。僕は。」ってずっと言ってたから。だから，外出ると，まったく別人なんですよね。だから，外に出て普通に仕事をして，たとえば，友だちに誘われて飲み会に行く僕は，元気な僕。だから，そんなものはみじんも感じさせない。見栄っ張りな自分がいて，本音を出すことが恥ずかしい

---

9) この事例は，2018年5月16日に放映された『クローズアップ現代+』の「あなたの隣もごみマンション⁉　現役世代に広がる"孤立"」に出演した人の語りをもとに再構成した。

と思っていたというか。

　この言葉は，強い紐帯がもつ難しさを典型的に示している。「元気な僕」を中心に構造化された強い紐帯は，親の介護により疲弊した「僕」の問題には対応しない。「本音を出すことが恥ずかしい」思いを抱きつつ，Mさんは孤立していく。その結果，Mさんの家は，「自分のベッドにたどり着くのに山を2つ3つこえないといけない」「ゴミの山」と化す。

　選び選ばれることで成り立つ強い紐帯は，そこに内包される個人を肯定的なイメージで捉えてしまうので，そのイメージから外れた自己の表出を難しくさせる。それゆえ，行為者に問題が生じたさいに，十分に機能せず，行為者を孤立に陥れてゆく。まさに，強い紐帯のジレンマである。この状況からの離脱には，やはり，弱い紐帯のもつ外からの刺激が有効である。

　しかしながら，Mさんは，前述のSさんと異なり，関係再編の努力を積極的に行ったわけではない。それゆえ，Mさんの孤立からの脱却は，Sさんよりも難しい。では，Mさんは，どのように孤立から脱却したのだろうか。引き続き事例をみていこう。

(2) 孤立からの脱却

　Mさんは，母親が亡くなったあと，「自暴自棄」に陥り，さらに孤立感を深めていく。転機になったのは，偶然訪れた清掃業者との対話だった。

　50歳を迎えたMさんは，気力を絞って家の掃除を試みる。しかしながら，「ゴミの山」と化したMさんの家の掃除は容易ではない。そこで清掃業者に依頼し，偶然，Mさんの家を訪問した業者との対話が，Mさんの孤立からの脱却のきっかけとなる。

　　ごみを捨てていくなかで，自分が携わっていた映像関係の仕事の話になって，で，そのときに看護と仕事の両立をしようとして，ストレスとか，孤独感とか感じていたものが，たぶんそのなかでいろいろ話していくなかで，「すごいです

ね」って言われた時に，ああ，すごいことをしてきたのかなと。じゃ，なにか行動を起こしてみようかなと。たぶん，話したかったんですよね。僕が。

　このMさんの語りを見ればわかるように，Mさんは，これまで，友人には話せなかった仕事と介護の悩みを，たまたま訪問した清掃業者に打ち明けている。このMさんの告白は，弱い紐帯だからこそなしえたと言えよう。

　孤立にいたる過程でみてきたように，強い紐帯であるMさんの友人は，Mさんを「元気」という肯定的なイメージで捉える。そのため，Mさんは自身に生じた問題をなかなか表出し得ない。一方，弱い紐帯は，その"弱さ"ゆえ，Mさんに特定のイメージをもっておらず，Mさんも問題を表出しやすい。

　これをきっかけとして，Mさんは，友人の家の近くに引っ越し，友人がいつ来てもいいように毎日掃除をするようになる。強い紐帯に再度，取り込まれたのである。もう，「二度とそんなことはしたくない」というMさんの語りには，強い決意がにじみ出ている。

(3) 関係への包摂

　この事例が示しているのは，強い紐帯に再度包摂されるにあたり，弱い紐帯が重要な役割をもつことと，生活のなかに，弱い紐帯に触れられる仕組みをつくることの重要性の2つである。

　Sさんの事例と同様に，Mさんも孤立からの脱却のきっかけとして，弱い紐帯の働きかけがあった。弱い紐帯は，強い紐帯ほど行為者のことを知らないからこそ，ふだんあまり見られたくない面を見せることができる。「相談」というと，一見すると，強い紐帯が重要な役割をもつように感じられるが，強い紐帯であるがゆえに，相談できないケースも少なくはないのである。

　人間関係が選択化していくなか，私たちは関係を選ぶ自由と引き換えに，相手から選ばれる責任を負うようになった。選ばれることを意識する私たちは，"自らを選んでもらいたい"強い紐帯に対してほど，見栄を張り，本音を出せなくなる可能性がある。弱い紐帯の包摂機能は，そういった社会において，今

後，さらに大きな力を発揮しうると考えられる。

　しかしながら，弱い紐帯といえども，そう簡単に出会えるとは限らない。S さんのように積極的に出かけていける人ならまだしも，孤立する人の行動力は総じて弱い。行動力が弱っているからこそ，孤立しているとも言えよう。

　こういった人々に対しては，日常生活のなかで，弱い紐帯に触れることのできる仕組みをつくることが求められる。M さんが孤立から脱却できたきっかけは，偶然来た清掃業者との対話にあった。重要なのは，このような出来事をたんなる偶然に終わらせるのではなく，あるていどシステム化することである。具体的にいうと，多くの人が日常訪れるであろう場所に，出会いの仕組みをつくっておくことである。

　育児による孤立からの脱却を支援している NPO 法人の代表は，外に出てこない孤立者の支援策について以下のように語っている。[10]

　　外に出てこない人は本当に難しいですね。そういう人の支援に力を発揮するのがショッピングモールへの出店です。孤立している人でも，買い物には出かけるので，そこで，ふと目にして支援に入れることもあります。

　関係から外れた人のなかには，自ら支援を求めない人も多い。このようなケースでは，たまたま行く場所に支援があることが重要なのである。その偶然の確率を高めるためにも，日常生活の動線上に支援の場を設置することが求められる。弱い紐帯を介した支援との接近が，包摂の第一歩となるのである。

▛ 5　弱い紐帯の強み──再訪 ◢

　本章では，ネットワーク論における古典的仮説「弱い紐帯の強み」仮説に焦点を当て，当該仮説の現代的意義を再検討した。

　地域や会社のような中間集団が衰退し，選択的関係が主流となる社会では，

10）2018 年 5 月 7 日の聞き取りによる。

親密な関係の成立要件として，当事者双方の満足や承認が重要になる。他方，マイナスの要素の表出は，関係の存続を危ぶませるものとされ，なるべく避けることが望まれる。結果して，人々は，関係の存続を望む"強い紐帯"に対してほど，取り繕った自己を表出し，場の空気を維持するよう努める。本来，自己を表出し合い，強いサポート効果をもつはずの強い紐帯は，現代社会では，その強さゆえに，問題を抱えた人の援助を求める声を封殺する。

　このような事態を打開するにあたり，弱い紐帯は一定の効果をもちうる。弱い紐帯は，その弱さゆえに，気遣いの必要性が低く，悩みや不安なども告白しやすい。本章では，育児，介護を事例に弱い紐帯の包摂機能を検討した。この弱い紐帯の包摂機能は，格差問題が指摘される現代社会において，今後，いっそう重要な役割を果たしうる。

　選択的関係が主流化した社会での，つながりにまつわる問題は，強い紐帯のジレンマにとどまらない。人々の「良い部分」にことさら目を向ける社会は，「良い部分」をもたない人を強い紐帯から排除してしまう。その結果，相手に気に入られる資源を豊富にもつ人ほど強い紐帯に恵まれ，そうした資源をもたない人を強い紐帯から排除する，つながり格差を生み出す［石田 2018b］。弱い紐帯の包摂機能は，排除の危機にさらされた人々を，社会につなぎ止める役割をも果たしうる。

　グラノヴェッターの研究がホワイトカラー層の転職に焦点を当てたため，弱い紐帯は，ともすると，恵まれた人々のキャリア形成の道具とみられる向きもあった。しかしながら，現代社会の状況を考慮し，弱い紐帯の機能をいま一度見直すと，弱い紐帯は，問題を抱えてそれを表出し得ない人，関係から排除されつつある人の包摂の糸口となりうることがわかる。したがって，日常生活の動線に，人々を緩やかにつなぎとめる弱い紐帯を張り巡らせることこそが，現代社会において求められているのである。

第 **7** 章

育児サポートネットワークと社会階層
──出産・育児に関する相談相手の時系列変化

星　敦士

▼ 1　育児サポートネットワーク研究の背景 ◢

　1980年代以降の「家族の個人化」と呼ばれる家族形態の時代的変化を背景として，出産や子育てをその当事者とされてきた女性だけの問題としてではなく，夫や両親，きょうだいなどの親族とともに様々な友人や知人，各種の専門機関も含めた「ソーシャルサポートネットワーク」という幅広い社会関係のなかの現象として捉えるアプローチが広く用いられるようになった。社会関係の形成と維持が地理的・空間的な制約を受けなくなったことと核家族化の進展が従来の子育て環境に変化をもたらし，一方で母親に過度に集中する育児負担の問題が注目されたことで，親族・非親族の区分に関わりなく期待できる，あるいは実際に手助けを得たサポートの担い手を母親のサポートネットワークとして把握して育児の負担や不安，ストレスを軽減する試みが模索されている。

　出産・子育てをめぐるサポートネットワークに関する研究を大きく分けるならば，どのような人々がサポートを担っているのかを描き出すことを主な目的としながら，そのようなネットワークが育児期にある女性の well-being に与える影響を検証する研究（たとえば，三谷［2020］など）と，本章でみていくような，個人がもつネットワークがどのように社会経済的な状況や生活環境によって規定されているのかを明らかにする研究がある。夫婦関係や親子関係，育児を介した母親同士の関係など様々なつながりのなかにサポートネットワークを

築くことが少子化対策としても注目されてきたため，前者の課題に関連した研究が多くみられるが，誰しもが頼りたい相手から，あるいは多くの母親が期待できるつながりから必要なサポートを得られているわけではないとすれば，その背景を明らかにしてサポートを求める人に支援の手を差し伸べることも政策的課題である。また，収入や学歴といった社会的資源の多寡によって育児期に誰とつながるか，誰を頼ることができるかが異なっているとすれば，それは社会階層のなかで人々のつながりの性質に偏りがあることを示しており，格差の顕在化や固定化を予期する注目すべき現象ともいえる。

　そこで本章では，国立社会保障・人口問題研究所が1993年より5年おきに実施している全国家庭動向調査から得られたデータを用いて，出産や子育てに関する相談相手としてどのような相手が選ばれてきたのか，またその選択にはどのような社会的属性が関わっているのかについて，49歳以下，かつ末子の年齢（子どもが1人の場合は，その子どもの年齢）が6歳未満という育児期にある有配偶女性を対象とした分析から明らかにする。

▼ 2　社会関係の変化と育児サポートネットワーク ◢

2.1　交際のあり方の変化

　サポートネットワークに限らず多くの計量社会学的なアプローチを用いた研究では一時点における横断調査から得られたデータを対象として分析を行うことが一般的であったが，近年は全国規模の標本を対象として定点観測的な繰り返しの横断調査，あるいはパネル調査の実施により，サポートネットワークについても一定の期間における構造的特徴の変化を観測することが可能となった。

　たとえば，日本家族社会学会が1999年から2009年まで5年おきに実施した全国家族調査（NFRJ）によって得られた全3回分のデータを用いて，相談や急な

1）育児サポートネットワークに関する先行研究とその展開については，家族社会学に関して丸山 ［2013］，山根 ［2017］ に，教育・福祉との関連に関して山縣・中谷 ［2013］ にそれぞれ詳しく紹介されている。

借金，人手を要するときに人々が頼りにするサポートネットワークの時系列的
変化を検証した大日・菅野［2016］は，10年間で親，きょうだい，子どもと
いった身近な家族関係，いわゆる定位家族に頼る傾向が強くなっていることを
明らかにしている。また1993年から2014年までの約20年という長期間における
夫婦世帯がもつ世帯外のサポートネットワークの変化を捉えた針原［2018］は，
この間に直系核家族，友人，職場からのサポートが増え，一方で拡大親族，近
隣からのサポートは減少したことを示しながら，情報通信技術の普及と発展が
社会関係に与える影響を考察した。長期的な視点からみた社会関係の変化につ
いては，社会ネットワークという関係の形態のほかにソーシャル・キャピタル
としての特徴からも2003年と2013年の 2 時点間比較により10年間の変化をみた
稲葉［2014］の研究により指摘されている。それによると，人々の交際頻度や
特定の他者に対する信頼感は相手との間柄を問わず全般的に減少しており，特
に近隣との関係については付き合いの程度，付き合っている人数ともに少なく
なっている。

　どのようなかたちで捉えた社会関係に着目するか，また社会関係の変化をど
のように解釈するかによっても見方は異なるが，NHK 放送文化研究所［2015］
も指摘するように，人々の交際のあり方，あるいは誰に頼りたいか，どのよう
な関係が望ましいと考えているかといった意識は着実に変化してきていると
いってよいだろう。同研究所が1973年から行っている「日本人の意識調査」で
は，この40年ほどの間に，親せき，職場，隣近所といった複数の種類の交際関
係において，「全面的関係」，すなわち「何かにつけ相談したり，たすけ合える
ようなつながり」が望ましいとする人々の割合はいずれの交際関係についても
年齢を問わず減少しているという［NHK 放送文化研究所 2015］。では，このよう
な社会全体にみられる大きな潮流のなかで，出産・育児期において女性が頼る
サポートネットワークはどのように変化し，またそのネットワーク選択はそれ
ぞれの社会的な属性とどのように結びついているのだろうか。次節ではこの点
について特に社会階層，社会経済的地位との関わりに関する研究をみていこう。

2.2 ネットワーク選択と社会階層

　育児サポートに限らず，個人がもつネットワークがどのような要因によって影響を受けるかについては，1985年にアメリカで行われた GSS（General Social Survey）において個人を取り巻く社会関係，すなわちパーソナルネットワークの様々な特徴を捉えようとする質問項目が含まれたことを嚆矢として，多くの計量的研究が蓄積されてきた。ネットワークのあり方に影響を与える主要な要因としては，年齢，性別，人種，社会階層，居住地の人口規模などが指摘されており，社会階層についてはさらに学歴，職業的地位，収入の効果が検証されている。調査が実施された時期や対象によって結果に多少の相違はあるものの，階層的地位の高さはネットワークにおける関係の総量，そこに含まれる人々の多様性を高め，専門機関へのアクセスを可能にするといった傾向が確認されている。また社会階層が高い人々のネットワークには親族が相対的に少なく，代わりに友人ネットワークが発達しているといった特徴も明らかになっている［原田 2012］。

　育児期のサポートネットワークに焦点を絞ってその特徴がどのような要因によって影響を受けるのかという点についてみると，これらのパーソナルネットワーク研究の知見を応用する形で社会経済的地位のほかに子どもに関わる属性，居住地の特性を中心とした社会環境に関わる要因の効果が検証されてきた。子どもの年齢，母親の就業形態，社会階層，そしてそれら属性や育児を行う場，居住地域の類似性が世帯外の育児サポートネットワークの規模や密度，親族の割合に与える影響を分析した松田は，ネットワークが豊かな人の姿として，「幼児をもつ平均的な年齢の専業主婦で，経済的にはゆとりがあり，子どもが多い地域に自分が幼い頃から住みつづけており，育児サークルや児童館に通う母親である」［松田 2008：80］と述べている。また就業形態と育児サポートネットワークの関連を検証した大和［2003］は，フルタイムで働く女性はフォーマルな機関に，そうではない女性はインフォーマルな社会関係に援助を頼る傾向があること，フルタイムで働く女性はそうではない女性に比べて夫方の親に援助を求めにくいこと，一方で専業主婦は保育所の利用に抵抗感をもつことなど，

就労の有無やその形態によって育児サポートに対する志向や実際の選択が異なることを明らかにしている。

　母親の社会経済的地位がネットワーク選択に与える影響については，このような直接的な影響のほかに性別役割規範を介した間接的な影響も指摘されている。たとえば，育児サポートネットワークに対する夫婦の社会経済的地位の影響を検証した星［2011］では，サポートネットワークの選択には「子どもが3歳くらいまでは，母親は仕事を持たず育児に専念すべきだ」といった子育てに関する規範への賛否や夫からのサポート（育児参加）の程度が強く影響しており，妻本人の就業形態以外に顕著な影響をもつ階層要因はみられなかったが，このような規範を介した間接的な効果も考慮すると，妻本人が高学歴であることや夫の収入が多いことが育児専念に対する義務感を低減させることを通じてフォーマルな機関の利用を促すなど，パーソナルネットワーク研究において指摘されてきたような社会経済的地位の効果とは異なる経路があることを示している。

　また出産や子育てをサポートする社会関係そのものの選択ではないが，子どもを公立学校に通わせる母親と私立学校に通わせる母親の間でみられる生活圏や社会階層における分断を論じた片岡［2009］は，子どもに小・中学受験をさせる親は自分と異なる価値観をもつ親との交流を望まず，住んでいる地域内での子育てや住民相互の育児サポートに対する協力意識・参加程度が低いことを明らかにしている。この傾向は，子どもの学校選択と早期選抜への参加経験が母親の地域とのつながりにあたえる影響を検証した星［2017］においても確認されており，小学校から高校まで一貫して子どもを私立学校に通わせた母親は，子どもを地域との関わりのなかで育てることに対して消極的であることが示されている。子どもへの教育期待や学校選択に階層間で違いがあることを考慮すると，母親あるいはその世帯の社会経済的地位は育児サポートネットワークの選択に様々なかたちで影響を与えていることが読み取れる。

▼ **3　誰に出産，子育ての悩みを相談するか** ◢

3.1　育児サポートネットワークの特徴

　では育児サポートネットワークとして，具体的にどのような間柄が選ばれてきたのだろうか。本章が分析に用いる第2回（1998年）から第5回（2013年）の全国家庭動向調査では，出産，育児，介護など様々な生活場面において相談や手助けを求めた相手について，夫や親，きょうだいなどの家族・親族，近所の人，子どもを介して知り合った人などの友人・知人のほか，病院（医師），保健所（保健師），インターネット（ホームページ・掲示板・メーリングリスト等）などの公的な機関や各種サービスのなかから1位，2位（項目によっては3位，4位まで）と順位別に複数の回答が可能な様式で質問を行っている。[2]ただし調査年によって提示する項目の内容や選択肢の数が若干異なっていることから，ここでは調査においていくつか示されている育児サポートの場面のうち複数時点の比較が可能で，かつ1位から4位までと続柄の多様性をみることができる項目「出産や育児で困ったときの相談相手」に対する回答を用いた。よって本章が扱う育児サポートネットワークとは，具体的な手助けや世話ではなく精神的，情緒的サポートという側面から捉えたものとなる。表7‐1は調査において提示したそれぞれの間柄が1位から4位までのいずれかに含まれている割合を調査年別に示したものである。

　各時点の調査いずれにおいても，7割以上の回答者が夫を，8割以上の回答者が自分自身の親を1～4位のなかのどこかに挙げている。時点間の変化をみると，親族のなかでもやや遠い関係ともいうことができる「夫の姉妹・その他親族」を挙げる割合が低下傾向にある。これは先行研究が指摘している定位家族，近親への依存傾向の強まりと見ることもできるほか，長期的な少子化傾向によって親族数そのものの減少が影響している可能性もある。親族以外からの

---

2)　全国家庭動向調査で用いられた調査票，調査結果の概要については，国立社会保障・人口問題研究所のウェブサイト（http://www.ipss.go.jp）において公表されている。

表 7-1　調査年別にみた各間柄が 1～4 位のいずれかに含まれている割合の変化

	第 2 回調査 1998年 (n=1,228)	第 3 回調査 2003年 (n=1,274)	第 4 回調査 2008年 (n=998)	第 5 回調査 2013年 (n=706)
夫	72.6%	72.9%	70.8%	74.5%
あなたの親	78.7%	82.9%	86.6%	82.2%
夫の親	31.1%	33.4%	33.4%	32.4%
あなたの姉妹（義理を含む）	30.5%	31.5%	35.5%	29.0%
夫の姉妹・その他親族	12.6%	10.0%	6.7%	7.2%
近所の人	20.8%	12.0%	6.9%	5.7%
職場の同僚・友人	26.5%	12.2%	13.0%	11.9%
子どもを介して知り合った人	24.8%	31.4%	26.0%	24.2%
職場以外の友人	16.9%	30.3%	31.5%	29.9%
地域のボランティア	0.7%	0.6%	0.7%	1.1%
保育所（保育士）	7.1%	6.3%	6.3%	7.2%
家政婦・ベビーシッター	0.2%	0.3%	0.5%	―
有料の一時預かり施設	0.2%	0.8%	0.6%	―
病院（医師）	11.2%	10.5%	8.4%	4.5%
保健所（保健師）	7.5%	6.5%	8.9%	5.4%
市町村役場	0.6%	0.9%	0.9%	0.7%
書物・雑誌・ラジオなど	14.7%	10.9%	6.4%	4.4%
インターネット	＊	3.4%	7.3%	10.1%
その他	＊	＊	3.1%	2.8%

注）「インターネット」は第 3 回調査から，「その他」は第 4 回調査から選択肢に含まれた。

サポートの担い手の傾向について時点間の変化が明確なのは，「近所の人」が長期的に減少していることで，2008年の第 4 回調査以降はその前の調査から新たに加えられた選択肢「インターネット」を下回る割合となっている。また「職場の同僚・友人」「職場以外の友人」は1998年の第 2 回調査と2003年の第 3 回調査の間で変化が大きく，前者は半分程度に減少したのに対して，後者は10％以上増加した。なお本調査において「地域のボランティア」などいわゆる公共機関・福祉サービスが相談相手として選択される割合は，家族・親族関係，あるいは家族・親族関係以外の社会関係に比べると一貫して低いものの，例外的に「インターネット」を選択する割合のみ増え続けている。様々な種類のSNS が普及し，子育てに関するポータルサイトなども多く提供されるようになっているなかで，ネットを介した社会関係，あるいはサークルやコミュニ

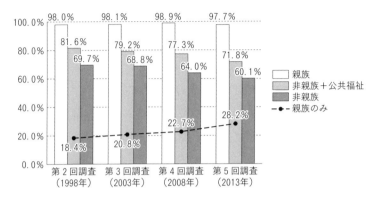

図7‒1　調査年別にみた相談相手の構成割合の変化

ティが情緒的サポートにおいてどのような存在になっていくのか，今後の動向
を注視する必要がある。

　図7‒1はこれら調査年別の相談相手の選択について間柄の種類を大きく家
族・親族関係（図中では「親族」と表記），家族・親族関係以外の社会関係（同「非
親族」），公共機関や外部サービス（同「公共福祉」）に統合して，これら3つのカ
テゴリーが各時点で1位から4位までに含まれている割合を示すとともに，調
査で選択した相談相手が家族・親族のみから構成されている（＝出産・育児に関
する相談の相手が家族・親族のみだった）ケースの割合の推移をみたものである。

　1位から4位のなかに誰かしらの家族・親族が含まれているという割合に大
きな変化はなく，いずれの調査年とも98％前後となっている。一方，家族・親
族以外の社会関係と公共機関・外部サービスが含まれる割合は減少しており，
1998年の第2回調査では8割以上のケースが家族・親族以外の相手を選択して
いたのに対して，最も新しい2013年，第5回調査では7割程度となっている。
同様に家族・親族関係以外の社会関係に限定してみてもこれらのなかのいずれ
かの間柄にある人を相談相手として挙げた割合は本章が分析対象とした15年間
で約10％減少している。その結果として，相談相手が家族・親族のみから構成
されているケースの割合は増加しており，2013年の第5回調査では3割弱の
人々は出産や子育てで困ったときに家族・親族のみを相談相手としている（と

した）と回答した。先行研究において指摘されてきたサポートネットワークにおける定位家族，より親しい近親を頼る傾向と一致しているといえよう。

　以上をまとめると，出産・子育ての相談相手は夫，自分自身の親を中心とした家族・親族関係がコアの部分であり，それに加えて家族・親族以外の誰かを頼るという構造となっているが，近年はそのようなサポートの多様性がやや縮小しており，家族・親族以外から相談相手を選ぶという母親がやや減少している。また出産や子育てについて困ったときに家族・親族関係以外の社会関係のなかからどのような間柄の人を相談相手に選ぶかについては，隣近所という地理的・空間的に狭い範囲の関係が減少する一方，地縁や社縁を介さないいわば選択的な社会関係が主流となり，近年はインターネットを介して形成される社会関係も注目すべき存在になりつつあるといえる。

3.2　非親族ネットワークの選択とその要因

　家族・親族関係を非選択的なつながり，すなわち埋め込まれた関係，選ぶことができない関係として捉えるならば，それ以外の社会関係は選択的な関係と呼ぶこともできる。特に個人がもつ社会関係を「ネットワーク」と呼ぶ背景には，血縁関係や地縁関係のような本人の意志にかかわらずそのなかに「埋め込まれた」つながりではなく，自ら選択的に関係を取り結ぶことで形成されるつながりという意味合いが含まれている。ではそのような選択的な関係のなかで特定の間柄の人を相談相手として選ぶ行為には，どのような要因が関わっているのだろうか。この節では，出産や子育てに関する相談相手として家族・親族以外の間柄である選択肢のなかから，関係形成の場が明示されておらず「その他の関係」といった意味合いに近い「職場以外の友人」を除いた「近隣の人」「職場の同僚・友人」「子どもを介して知り合った人」という3つの間柄によって表された非親族ネットワークの選択に影響を与える要因について検討する。具体的には，出産・子育てに関する相談相手として「近所の人」「職場の同僚・友人」「子どもを介して知り合った人」を挙げたか否か（1＝挙げた／0＝挙げていない）を従属変数，調査年（調査回），年齢（分析対象とする標本の平均年齢から

の偏差），居住地（DID（人口集中地区）か否か），学歴，配偶者の年収，就業形態，性別役割規範（「結婚後は，夫は外で働き，妻は主婦業に専念すべきだ」に対する肯定度），夫・親との関係満足度，そして統制変数である子どもの数を独立変数としたロジスティック回帰分析を行った結果を紹介する。[3] これらの独立変数は育児サポートネットワークの選択に関する先行研究において用いられてきたもので，その影響は以下のように仮説化できる。

　まず家族・親族以外のサポートネットワーク選択を促す要因として，同じような子どもをもつ母親として平均的な年齢に近いこと，居住地が都市部であること，社会経済的地位が高いこと，性別役割規範が弱いこと，夫・親と親密であることが挙げられる。平均年齢からの偏差がもつ影響について丸山［2013］は，育児サポートネットワークが脆弱な母親の特徴は「育児のマイノリティ」であり，それは平均的な母親の属性に比しての少数派であるとしている。ライフステージについて他の母親と類似していることは家族・親族以外の関係によるサポート獲得を容易にする［松田 2008］。都市的地域に居住することは近隣・親族関係によるサポートを減少させる一方で，それ以外の地域に比べると職場でのつながりや子どもを介した関係を形成する機会が増える。また社会経済的地位が高いことは関係形成と維持に必要な社交能力や経済的資源の保有という点で選択的ネットワークからのサポート獲得を容易にする。一方，性別役割規範が強いことは母親役割，妻役割の内面化を通して，家族外のネットワーク全般に頼ることを難しくする。最後に，夫・親と親密であることは，家族内の連帯や夫の育児への協力が妻の社交や友人などからのサポート獲得を促進する傾向があることを示した野沢［2009］，立山［2011］などの知見に基づくならば，家族・親族以外のサポートネットワーク選択を促す。なお，就業形態については，それ自体は階層構造ではなく序列化できないことから，特に学歴や収入を統制したうえで独立変数として用いる場合，その意味は働いているか否か，または働き方によって異なる生活時間の配分，仕事内容，関係形成の場の特徴

---

3) 分析結果の詳細は章末に付表として掲載した。それぞれの独立変数の測定，操作化の内容については星［2019］を参照のこと。

による影響と解釈すべきものとなる。よって家族・親族以外の関係からのサポート獲得全体にではなく，たとえば，専業主婦なら相談相手として近隣関係を挙げやすい，あるいは就業していれば勤め先で相談相手を見つけることができるといった個別の関係の選択に対する影響が想定される。

　それぞれの要因の効果をみていこう。まず調査の時期については，他の様々な要因による影響を考慮したとしても「子どもを介して知り合った人」以外の間柄に対していずれも統計的に有意な効果を示していた。1998年に行われた第2回調査からの15年間を通して，「近所の人」「職場の同僚・友人」はより選ばれない方向で推移している。一方，「子どもを介して知り合った人」については第3回調査においてのみ他の調査時点より選択される傾向にあったものの，それ以外では変化がない。

　その他の独立変数について年齢や居住地といった人口学的な属性による影響をみると，平均年齢から上下いずれかに離れているケースほど，すなわち標本の平均的な年齢から乖離しているケースほど，相談相手として「子どもを介して知り合った人」を選択しない傾向がある。また居住地については「子どもを介して知り合った人」においてのみ，人口集住地区に住んでいる場合にそのような関係を選択する傾向があった。サポートネットワークの構成に対する居住地の効果を検証した立山［2006］が指摘したような，都市部における親族・非親族間のサポート代替性，すなわち都市部では親・親族との居住距離が他地域よりも相対的に遠くなるので，代わりに非親族からのサポートを求めるという行動は，特に子どもを介した関係においてみられると推測できる。

　社会経済的地位に関する変数については，回答者本人が高学歴であったり配偶者の収入が相対的に多いと「職場の同僚・友人」は選ばない方向に，一方「子どもを介して知り合った人」は選ぶ方向に影響していた。学歴によるこれらの効果については，高学歴の女性が就業しやすい職種・職場の特徴（たとえば，同僚における男性の割合が高いなど）のほか，習い事や塾など高学歴の女性が子どもを介して相談相手を見つける独自の場をもっていることによる影響が考えられる。前出の星［2017］では，子どもを小学校段階から私立学校に進学さ

せた母親は「子どもの学校や塾で知り合った」という知人の数が他の母親よりも多く，子どもを介した独自のネットワークを築いていることを明らかにしている。また正規，非正規いずれかのかたちで就業していることは近隣関係や子どもを介したつながりにサポートを求めていない一方で，職場の同僚・友人を選択しやすくしていた。学歴，収入，就業形態という社会経済的な属性の影響を合わせて考慮するなら，階層的地位に関わりなく専業主婦は近所付き合いに，階層的地位が相対的に低い就業者は職場でのつながりに，そして階層的地位が相対的に高い母親は（おそらく地理的・空間的に拡散した関係を含む）子どもを介したつながりに，それぞれ出産・子育てに関する相談相手を見出しているということができよう。

　その他，規範意識や夫婦関係，親子関係による影響についてみると，性別役割規範が強いことは非親族ネットワーク全般との関係形成を阻害するわけではなく，近隣関係への相談についてはむしろそれを促す方向の効果をもっており，一方で職場でのつながりへの相談は抑制することが示された。この結果に基づくならば，今日では出産や子育てに関して近隣関係に情緒的なサポートを求めることは性別役割規範とは整合的な行動といえる。夫婦関係，親子関係の親密さが家族・親族以外のサポートネットワーク選択に与える影響については，夫との関係に満足しているケースほど「子どもを介して知り合った人」を子育ての相談相手には選ばない傾向がみられたが，先に述べたように先行研究では夫との良好な関係は非親族，世帯外ネットワークからサポートを受けることと相補的であるとするものが多い。全国家庭動向調査では相談相手として回答できる間柄の数が最大4つまでと限られていることも踏まえると，夫と子どもを介して知り合った人が相談という情緒的サポートの担い手として競合する，あるいは両者が代替的な存在であると考えることは留保すべきであろう。

　では，これらの要因が非親族ネットワークの選択に与える影響は調査時点ごとで同じなのだろうか，それとも近年になって強まった，あるいは弱まったといった傾向があるのだろうか。それを確認するため，調査時点のなかで直近の第5回調査に着目して，2013年に行われた調査であることとすべての独立変数

との組み合わせの効果（交互作用効果）を確認した。これは，2013年に行われた第5回調査の対象者であるかどうかによって先の分析に用いた独立変数によるネットワーク選択への効果が変わるかを明らかにしようということである。その結果，2013年の調査では全体として職場の同僚・友人を出産や子育ての相談相手に選ばない傾向にあるものの，パートタイム，フルタイムで雇用されている母親においてはそのような調査時点の影響がほぼ存在しないという結果とともに，性別役割規範が強い母親は職場の同僚・友人を出産・子育ての相談相手として選ばないという傾向が2013年の第5回調査においてより強いことが明らかになった。[4] 他の間柄，あるいは独立変数についてはたとえば近年になるほど収入や学歴といった社会階層に関わる要因の効果が増大しているといった格差社会論を想起させるような結果は確認されなかったが，このような規範による効果の強まりとも読み取れる傾向は，人々の社会経済的地位が社会意識や規範を介してネットワーク選択に与えるという間接的影響についても引き続き注視すべきであることを示唆しているといえよう。

▎4　育児サポートネットワークのこれから

　本章では，国立社会保障・人口問題研究所が実施している全国家庭動向調査によって得られた複数時点のデータを用いて，出産・子育てに関する相談相手として捉えた育児サポートネットワークの時系列な変化と，非親族関係に焦点を当ててその選択に対する社会的属性の影響を紹介した。特に本書の主題である社会階層，社会経済的地位の影響についてみると，階層的地位が相対的に低い母親や，自営業に携わっていたり，フルタイム雇用など長時間労働であるこ

4）前者の組み合わせの効果について言い換えるならば，2008年以前は調査時に無職や自営業主・家族従業者だった回答者でも（おそらくそれ以前に）働いていた職場の同僚や友人を相談相手に選ぶことがあった（それが2013年調査では明らかに減少した）ということを意味しており，職場が生活面でのサポート関係も含む様々なつながりを生み出す場としての役割を失いつつあるのではないかと推測することもできる。

とが予想される母親は，出産・子育てに関する相談相手として「子どもを介して知り合った人」を選択しない傾向にあることが示された。このような就労環境にある母親は，出産や育児について何かしらの困ったことや不安，苦労があったとしても同じように子育てをしている，いわゆる「ママ友」と呼ばれるような社会関係に相談するといったことが難しくなっていると考えられる。普段からの顔見知りの関係のなかに生まれるつながりとそこにつくられる信頼関係や情報のやりとりを，ソーシャル・キャピタル，すなわち人々の関係のなかに存在する資本，それがあることで人々に様々な恩恵を与える財産として捉えたアメリカの社会学者コールマン（J. S. Coleman）は，同じ学校に子どもを通わせる親たちが取り結ぶ緊密なネットワークが，その子どもたちの教育に対して有益な影響を与えることを示している［コールマン 2006］。本章の分析対象はより年少の子どもをもつ母親の育児に関する相談のネットワークではあるが，そのような子どもを介した親同士のつながりが，本章の分析結果のように都市部を中心とした階層的地位が比較的高い母親の間でより顕著であるならば，そしてその傾向が子どもの成長を通して続いていくならば，子どもを介して形成された親同士の社会関係がもたらす「有益な影響」は既存の社会階層において特定の部分に偏在することになる。人々のつながりという観点からみた階層間格差とそれがもたらす負の影響を緩和し，子育てをするすべての母親が必要とする情緒的，道具的サポートを提供することが公共的な福祉の役割として求められている。

　本章でみてきたような社会階層とネットワークの関わりについて，今後の研究課題として以下の点が挙げられる。ここでの分析は育児サポートネットワークがどのような社会的属性と関連しているかという点に焦点を当てたが，これを実際にネットワークから得られたどのようなサポートが育児期の母親のストレスを軽減し well-being を高めるのか，という論点と接続する必要がある。近年はサポートネットワークについてもパネル形式のデータ収集が行われており，階層要因を含む社会的属性とサポートネットワークに対する期待や選好の関係，あるいはネットワークの選択とその結果としてのストレス，育児不安の

解消までの間に想定される様々な因果順序の検証も可能になっている。データの特徴を活かした分析モデルの精緻化により，出産と子育てをめぐる社会構造とネットワークの動的な関連，そしてそこに含まれる政策的課題を明らかにすることが期待される。

　付記
　　本章は論文「育児期におけるサポート・ネットワークの構造とその変化──全国家庭動向調査（第 2 回〜第 5 回調査）からみた相談相手の選択とその規定要因」（星敦士［2019］『甲南大學紀要　文学編』169，47-61。）を大幅に加筆修正したものである。

付表 それぞれの間柄が選ばれているか否かに関するロジスティック回帰分析の結果

	近所の人	職場の同僚・友人	子どもを介して知り合った人
Intercept	−2.245**	−1.875**	−1.075**
	(0.064)	(0.055)	(0.041)
調査年（基準：1998年（第2回調査））			
2003年（第3回調査）	−0.590**	−1.190**	0.314**
	(0.125)	(0.127)	(0.101)
2008年（第4回調査）	−1.214**	−1.213**	0.067
	(0.159)	(0.135)	(0.110)
2013年（第5回調査）	−1.392**	−1.372**	0.097
	(0.194)	(0.156)	(0.122)
年齢（平均からの偏差）	−0.009	−0.010	−0.049**
	(0.019)	(0.017)	(0.014)
居住地（DID）	0.199	−0.048	0.254**
	(0.122)	(0.105)	(0.089)
妻学歴（大学・大学院）	0.170	−0.690**	0.284**
	(0.153)	(0.150)	(0.106)
夫収入［万円］	0.003	−0.004†	0.011**
	(0.002)	(0.002)	(0.002)
妻就業形態（基準：無職）			
自営業主・家族従業者	−0.566*	0.380†	−0.540**
	(0.242)	(0.218)	(0.176)
パートタイム	−0.375*	0.930**	−0.145
	(0.166)	(0.139)	(0.112)
フルタイム	−1.308**	2.017**	−1.306**
	(0.228)	(0.125)	(0.144)
性別役割規範	0.189**	−0.207**	0.021
	(0.073)	(0.066)	(0.053)
夫との関係満足度	−0.105	0.087	−0.112*
	(0.076)	(0.071)	(0.056)
親との関係満足度	0.047	−0.031	−0.057
	(0.087)	(0.078)	(0.062)
子ども数	0.417**	−0.091	0.162**
	(0.065)	(0.063)	(0.049)
Nagelkerke R-sq.	0.120	0.205	0.097
chi-square	232.350**	467.767**	249.671**
	(df=14)	(df=14)	(df=14)
N	3,588	3,588	3,588

カッコ内は標準誤差 ** : p<.01 * : p<.05 † : p<.10

第 **8** 章

政治意識・行動と格差
—— 対立と格差の階層政治論

桑名祐樹

▼ 1 投票参加の階層的格差を議論する ◢

　日本の国政選挙における投票率が低下傾向にある，ということは周知の事実だろう。1990年代以前の衆議院議員総選挙において少なくとも70％前後であった投票率は，いわゆる「55年体制」が揺らいだ1993年の選挙以降7割を切っている。2009年民主党が勝利した「政権交代」選挙では投票率は70％近くまで上昇したが，「自民党圧勝」の直近3回の選挙では52～56％という低投票率に陥っている。そのような投票棄権者が半数近い状況により，投票者と棄権者の間で社会的な偏りが生まれ，ひいては民主主義の「代表制」という制度の正当性をゆるがすことが近年懸念されている。たとえば投票率が過去最低の52.7％となった2014年の選挙の後，日本経済新聞は「棄権する人が多いと，一部の利益しか代弁しない政府が生まれる」といった懸念を社説で掲載し［日本経済新聞 2014.12.17］，また53.7％に留まった2017年の総選挙について朝日新聞が田中愛治早稲田大学教授（当時）の「国民の過半数が参加せず，ごく少数の支持で多くの議席を占めた政党が政権を取るようでは不健全だ」［朝日新聞朝刊 2017.10.21］といったコメントを掲載している。

　上記の議論による「一部の利益」や「ごく少数の支持」が問題になるのは，投票者と非投票者（棄権者）の間で何らかの社会的属性や社会意識に偏りがあり，投票する「一部」の社会階層の利益や支持が優先されることが暗黙の前提

となっているからである。ただし，日本においてこのような投票参加の具体的な階層的格差については，実はあまり明らかになってはいない。社会階層と政党政治の結びつきは，主に，階層的支持基盤を有するとされた政党同士の対立として語られることが多かったからである。

　対立に隠れて見落とされがちである投票の階層的格差に焦点を当てるためには，日本の社会階層論で重視されてきた「対立」の枠組みと，「格差」の枠組みの両面を把握して，階層政治の全体を描き出すことが必要になる。本章では，現代日本社会，特に低投票率の状況に陥った2010年代半ばの時期において，果たして投票者と棄権者の間にはどのような差異が存在していたのか，その点を実証的に明らかにする。いわば投票の格差を，社会階層研究としての「階層政治論」に位置づけて議論することが，本章の目的である。それによって，どのような「一部」の声が現代日本社会においては政治に届かず，逆にどの「一部」の利益や支持によって政治が行われているかを明確にし，政治領域における「格差」の現状を描き出す。2節では，日本の社会階層論で政党政治がどのように扱われてきたのかを概観しつつ，階層的「格差」が日本においてどのように問題として前景化してきたのかを整理する。そのうえで，3節では階層政治の対立と格差の両面を捉える分析を行いつつ，投票の階層的格差をどのように解釈することができるのかを社会階層と政治意識の関係から明らかにし，4節で総括する。

▼ 2　投票の階層的格差を階層政治論に位置づける ◢

2.1　階層政治論の趨勢

　投票参加の格差を，特に「社会階層」という視点から捉えるに際して，本章では社会階層研究としての「階層政治論」を参照に議論していく。階層政治論では，被説明変数である政治意識や政治参加の側ではなく，説明変数である社会階層の影響に着目して分析結果を解釈する［轟 2011；井出 2011］。これは，政治学者にとって有権者の政治意識や行動のメカニズムを明らかにすることが目

的であることとは対照的で，階層政治論では各種の階層的地位の政治行動や意識への影響の有無に力点が置かれる[1]。

　古典的な階級・階層政治論では階級や階層について，政党と接点をもつ 1 つの集団として捉えてきた［リプセット 1963；Lipset and Rokkan 1967；安田 1973］。日本では，「職業」がもっとも重要な社会階層として取り上げられてきた［三宅 1985；久保田 1997］。第一次産業従事者と自営業者による自民党支持と，労働組合によって組織された大企業労働者による社会党支持という構図が，職業階層間の政治対立として象徴的に描かれた［三宅 1985］。しかし，支持政党を有する人が時として少数派となるような現在の社会では，そのようなモデルはすでに当てはまらないだろう。55 年体制期のように，政党が特定の職業階層への利益供与を大々的に行うということも目立ちにくくなった。第一次産業従事者数は減少し，労働組合の組織率も低下しているが，それに代わる政治的動員の集団も見当たらない［原・盛山 1999］。つまり，個人を階層的特徴によって階層間の政治的対立に位置づけることは難しくなったのである［米田 2018］[2]。無党派層の増大はその象徴的事象であり，2005 年のデータでは無党派層が 5 割弱に迫る一方で突出した階層的特徴は確認されなかった［田辺 2011］。

　このような現在の政治状況を階層政治の視点から理解するためには，ある階層的特徴を有する個人の政治・投票行動を，帰属（職業）階層に基づく合理性から捉える従来型の視点［安田 1973；原 1988］とは異なる枠組みを準備する必要がある[3]。より具体的に言えば，社会主義革命を準備する意識を集団として有するというマルクス主義的な前提や，政治的な利害を調整する組織された集団として職業をはじめとする社会階層を考慮する合理的選択理論的な見方とは異なる，新たなアプローチの模索がその要になるだろう。

---

1) 政治学的観点からみた社会学的研究の位置づけについて，秦［2015］も階層を集団として捉えるアプローチを採用していると説明している。

2) 社会学者の橋本健二が定義した 5 階級分類（資本家階級，新中間階級，正規労働者階級，アンダークラス，旧中間階級）間においても，自民党支持率やその他政党支持，支持なしなどの政党支持率の差は明瞭ではないことを指摘している［橋本 2020］。

2.2 「格差」の階層政治論

　階層的地位による格差から政治態度や行動を捉えることの意味は，まさしくこうした点を克服することにある[4]。たとえば階層的地位が，政治参加の「資源」となっていることを表現するアプローチを考えてみよう。社会運動論における権力資源論での説明のように，高い所得を得ていることは，選挙活動そのものに対する投資も可能とするし［Brady et al. 1995］，高所得による生活の余裕は投票参加に有利な条件を作り出す［Rosenstone 1982］。高等教育の経験は，政治的な知識や関心のベースとなり，政治的なコミュニケーションを高める要因にもなり，最終的に投票を促すことが指摘されている［Verba et al. 1995］。このように，政治行動それ自体に対するコストを負担する能力や，ハードルを乗り越えるための能力は，所得や資産，教育の経験に基づく能力といった，様々な階層的なバックグラウンドによって左右されることが想定できるのである。

　日本では長らく，「投票の格差」という言葉で多くの人々が連想するのは，選挙区ごとの人口の差異から生じる格差である「一票の格差」の問題であった。この問題は基本的に「地方」対「都市部」という地域間の格差問題の文脈で語られ，その解決法も選挙区の区割り変更などの制度的な変更で可能と考えられてきた。それに対して社会階層による格差については，「一億総中流」の神話もあってか，あまり活発な議論がなされてこなかった。

　近年投票率が急激に低下したことで，格差についても民主主義の代表制の問題として一定の関心が向けられ始めている。たとえば近年の日本の選挙では，

3）社会学者の安田三郎は，実証科学的に階級を分析するために，政党支持を含む階級意識を「個人の水準において階級的行動──階級的利害に関係する行動──を準備する社会的態度」［安田 1973］と定義することを提案した。轟［2011］は，その安田や原［1988］の議論を踏まえつつ，実際のデータから階層差が見られる意識や行動について，帰納的に階層意識分類に位置づけることを提案している。本章のアプローチは，基本的にそのような轟の議論を参考にしたものである。

4）上述の橋本は，2000年代以降の社会経済的格差を適切に捉えるべく，階級を政治的主体として捉えてきた日本の社会階級・階層研究を批判的に吟味し，経済構造に占める位置で定義された階級と，産業構造や労働市場，家族，国家，政党システム等の諸制度を媒介したカテゴリーとしての階層を用いることを提唱している［橋本 2008］。

投票率を向上させるために期日前投票を導入し，投票日でなくとも投票が可能なように投票環境が整備された［茨木・河村 2016］。ただし，そのような努力にもかかわらず全体の投票率は低調であり，前述の通り直近2回の衆議院議員選挙では5割程度しかない。確かに期日前投票の利用者は2017年の衆議院議員総選挙において1706万人以上に昇り，全有権者の約20％にまで達したという［朝日新聞 2017.10.23 朝刊］。ただし，期日前投票の利用者は，学歴の高い，あるいは党派性のある有権者であることが指摘されており［岡田 2018］，それらの制度改革は階層的格差を広げる方向に影響しているとも考えられる。さらに，このような学歴が高い有権者が投票に行く傾向が強まっていることは期日前投票に限った傾向ではなく，2000年代以降大都市居住の教育程度の高い有権者の政治的有効性感覚が向上し，投票参加にも積極的であるという指摘もある［境家 2013］。つまり，期日前投票のような投票環境の改善は，それがなくとも投票に赴くような人々の利便性を増したかもしれないが，元々投票から縁遠かった有権者を投票所へ向かわせる効果は薄く，結果的にその格差を広げた可能性も考えられる。

　事実，近年の日本を対象とした研究でも所得や学歴による階層的格差は顕著に指摘され始めている。蒲島と境家は2018年のデータを分析し，高学歴層や高所得者層であるほど，投票をはじめとする様々な政治参加に積極的であることを指摘している［蒲島・境家 2020］。1990年代以前までは都市部高学歴層よりも農村部中低学歴層の方が投票に積極的であり，それが自民党の長期政権を支えていたことを鑑みると［蒲島 1988］，階層的地位と政治参加の関係は「資源」が多い階層が有利となるようこの30年で大きく変化したと考えられる。

　従来の階層政治研究では，支持政党が投票先の政党を強く予想すると考えられ［林 1982］，主たる説明対象の変数であった［安田 1973；原 1988；原・盛山 1999］。しかし近年，支持政党を有する人の方が少なく，社会階層から支持政党の特徴を記述することは難しい［田辺 2011］。そもそも「政党支持」という概念自体の有効性を疑う議論もある［谷口 2012］。

　それに対して投票は，政治過程における意思表明における最も代表的な手段

である。しかし，その投票を行う人々の比率が低迷している状況を考えれば，投票参加と社会階層の関連を検討することによって，現在日本政治における階層的格差をより直接的に対象化ができる。それによって，いわば「階級的無投票」のような状況を説明することも可能となる。たとえば，Evans と Tilley［2017］は，2000年代のイギリス労働党における政策的な転回がミドルクラスの支持を集める一方で，労働者階級にとっては彼らが政策的ターゲットから外れることで政治的に疎外され，結果的に投票しなくなった（class-nonvoting）と論じている。イギリスにおける1967年から2010年までの長期的な投票参加の趨勢を分析した Heath［2018］も同様の指摘を行い，階級間の政党選択の違いよりも階級間の投票参加の格差の方が大きく，労働者階級の政策的利害が過少代表されるよう変化したと主張している。

　こうした指摘は，特定の階級・階層が政治過程との相互作用によって疎外されることで，階層・階級間格差が生じることを示唆する。特に，労働組合に加入しない非正規雇用の労働者や失業者にとって，政治過程に入り込むことが困難であることを想定できるだろう。また，労働組合の衰退を考慮すれば，従来は積極的に投票していたブルーカラー労働者も同様の枠組みで捉えることが可能であろう[5]。つまり，政治過程との相互作用によって，投票に対して有利な階層や不利な階層が決定することがありえるのである。

　先行研究の指摘をまとめれば，社会階層が「資源」として，あるいは「疎外」状態として解釈できたとしても，いずれにせよ階層的格差が投票参加に影響を与えるならば，その結果が政治過程を通じて階層的格差自体を固定化・拡大化するようにはたらく可能性を指摘できよう［ヴァーバほか 1981；Lijphart 1997；Heath 2018；Evans and Tilley 2017；橋本 2020］。この点は，特定の階層構造が新たな階層構造の生成に影響するという「階層構造への再帰性」［吉川 2007；轟 2011］という，階層行動研究や階層意識論が重視してきた議論とも関わる論点であると言えるだろう。

5）近似した観点から，高田［2011］は従業先産業と投票態度の関連を分析している。

2.3 「格差」の階層政治論における説明枠組──日本を事例として

　日本において，階層的地位の格差から投票行動を読み解くには，次の 3 点の課題に取り組む必要がある。まず，学歴や所得，どのような仕事をしているかという職種（事務や専門など）だけでなく，正規や非正規などの職業上の身分といえる雇用形態による投票の格差にも焦点を当てる必要があるだろう。近年の研究によれば，非正規雇用などの不安定就労や失業状態が，投票参加頻度を低下させる傾向にあることが示されている［伊藤 2018a；蒲島・境家 2020］。そのうえで，様々な階層的地位を個別に検討することではなく，1 つの推定モデルで捉えることが必要になる。1990年代以前の日本社会では，地位の非一貫性による中流意識の増大が，階層間の政党支持の差異を見えにくくしていたと言われる［今田・原 1989］。それに対して，一貫性が強まっているとされる2010年代［藤原・伊藤・谷岡 2012］では，その構造を明らかにするためにも，複数の階層的地位を同時に比較検討することが必要であろう。特に近年，第二次安倍政権は急激な金融緩和政策を展開していた。その結果からか，2013年時点のデータを分析した研究では，一定の資産保有が安倍政権・自民党支持を促す効果があることが指摘されていた［安野 2015］。このように，近年の日本社会における「格差」を象徴する様々な階層的地位について，投票するか否かに影響しているのかを確かめる必要があろう。

　また，階層的地位が投票するか否かに影響するメカニズムを理解するためには，階層意識を媒介としたモデルを考察する必要がある。階層政治論では，政治的態度を規定する階層意識として，生活満足度や階層帰属意識との関連が考慮されてきた。たとえば，戦後から1990年代まで，職業階層の構造自体には大きな変化がないにもかかわらず，保守政治に「満足する」ように変化した背景を探るため，階層と政治態度を媒介する要因として分析がなされてきた［三宅 1985；伊藤 2010］。階層帰属意識は，主観的な自己階層認知を測定しており，その内実は主観的な地位に対する意識と生活水準に対する意識が混在したものであるとされている［中尾 2002］。この階層帰属意識と政治的態度の関連として，自分を高い階層に帰属していると認識している人ほど支持政党を有しており，

逆に低い階層に帰属していると認識している人は支持政党を有さない傾向が明らかになっている［田辺 2011］。高い階層帰属意識を有することは投票義務感を高め，逆に低いと投票義務感を低める傾向があり，その結果として，階層帰属意識は投票義務感を通じて投票を促したり妨げたりすることが指摘されている［横山 2017］。各階層の生活満足度の違いは投票に影響すると考えられるし，階層帰属意識も投票の義務感を媒介したものとして，投票に影響すると考えられるのである。

　最後に，「対立」を示す政党間競争と階層的地位の関連も並行して考える必要がある。特に，種々の階層的格差の是正と直接的に関連する再分配に関わる論点を取り上げよう。2000年代前半の日本を対象とした研究では，高所得・高学歴であるほど課税と福祉の拡大を支持する傾向にあり，かつ投票に赴いていたとされる［Matsubayashi 2014］。その結果，投票の階層的格差がそのまま階層的格差の再生産に直結しにくい状態であったと考えられる。一方で2010年代では，前述の通り資産保有層から安倍政権や自民党が支持されていることを考えると，再分配や福祉に関する政策よりも，富裕層優先の政策への選好を高所得者層が高めている可能性もある。以上総じて，自民党投票者と棄権者には対照的な階層的特徴を見出すことができるかもしれない。また，社会経済的格差が社会問題となって久しい現在の日本では，再分配や福祉に関する態度の変数とその影響についての再検討が必要だろう。

▼ 3　対立の中の「格差」◢

　本節では，前節までの議論から導出した分析枠組に基づき，総選挙の投票率が約5割にまで低下した2010年代のデータを分析し，そこでの投票の階層的な偏りがどのような状況であるかを明らかにする。用いる調査データは，2017年10月～12月に実施された「国際化と市民の政治参加に関する世論調査」である。[6]

6）層化2段階抽出によりサンプリングを行い，郵送により質問紙の送付・回収を行った。

　この調査データは，階層変数，政党政治に対する意識や支持政党をはじめとし
た政治・社会意識，そして直近の衆議院議員選挙の投票行動を詳細に分析する
ことができる貴重な全国調査データである。調査対象者は，全国に居住する18
〜81歳の有権者男女である。有効回収数が3,882，回収率は44.5％である。

　分析対象とする投票行動は，2017年衆議院議員総選挙における比例区の投票
参加および投票先政党である。[7] 独立変数は次の通りである。第一に，階層的地
位変数を用いる。具体的には，学歴（中学校卒，高校卒，短大・高専卒，大学・大学
院卒），世帯収入，就業状態を加味した職業（専門職，管理職，事務職，販売・サー
ビス職，熟練マニュアル職，半熟練マニュアル職，非熟練マニュアル職，農林業職，非正規
雇用，主婦・学生，無職，失業）[8] である。次に，階層意識変数として，生活満足度，
階層帰属意識を用いる。[9] さらに，再分配支持，福祉主義の意識項目についても
モデルに投入する。[10] また統制変数として，年齢，年齢の二乗を100で除したも
の，性別を使用する。

---

7) 「衆議院選挙において，比例区では，どの政党に投票しましたか」という設問で測定し
　　た。なお，白票は棄権には含めず分析1の推定では投票として扱い，分析2の推定では
　　本文中に提示していないその他の政党とまとめている。無回答は欠損値とし，分析から
　　除外した。

8) 職業については，就業状態のうち「パート・アルバイト・臨時雇用者（契約社員・派遣
　　社員）・嘱託」との回答を「非正規雇用」，「無職（仕事を探していない）」と回答したも
　　ののうち，現在婚姻している場合は「主婦（主夫）」，そうでない場合には「無職」，「学
　　生」と回答した場合は「学生」，「無職（仕事を探している）」と回答したものは「失業」
　　として扱った。以上以外については現職に対する自由記述のコーディング（SSM小分
　　類）結果を再カテゴリー化したものである。

9) 生活満足度は「あなたは生活全体に満足ですか，それとも不満ですか。」，階層帰属意識
　　については，「仮に現在の日本の社会全体を，以下のように5つの層に分けるとすれば，
　　あなたご自身は，この中のどれに入ると思いますか。」という設問で測定している。な
　　お，生活満足度は満足しているほど，階層帰属意識は上のカテゴリーを回答するほど値
　　が大きくなるように加工した。

10) 再分配支持は，「A（所得をもっと平等にするべき）・B（所得格差をもっとつけるべ
　　き）」，福祉主義は，「A（手厚く福祉を提供する社会）・B（個人が責任を持つ社会）」に
　　対して，Aに近いかBに近いかを4件で測定した質問を用いている。なお，再分配支持
　　と福祉主義は，Aに近いほうを選択した場合に値が大きくなるように加工している。

3.1 投票参加と階層的地位の関連──参加と棄権の場合

　階層的地位や階層や再分配に関する意識が，投票参加・棄権とどのように結びつくのかを見てみよう。[11] 以降，投票参加に対する多変量解析の結果（係数の詳細は付表・分析 1 参照のこと）を参照し，関連のメカニズムを説明する。なお，基本的に，ダミー変数ならば基準カテゴリーと比べて投票参加の確率に何パーセントポイント（以下「ポイント」と略記）の差があるのか，連続変数ならばその変数が 1 単位上昇するときに投票参加の確率が何ポイント変化すると解釈できる平均限界効果（average marginal effects）の数値を前提に説明していく。

　階層的地位の影響をみるために，統制変数と階層的地位のみを投入したモデル（MODEL1）と，そのモデルに前節で説明した階層意識（生活満足度と階層帰属意識）を投入したモデル（MODEL2）の結果を比較しながら説明しよう。

　まず階層的地位の影響について，MODEL1（階層的地位のみモデル）の結果から確認していくと，学歴（大学・大学院卒）が正の効果で統計的に有意である。他の変数の影響関係を統制した場合，最終学歴が大学・大学院卒業の場合は高校卒業の場合と比べ，約4.9ポイント投票する確率が上昇すると推定されている。また，所得に関しては所得（900万円以上）が正の効果で統計的に有意な傾向である。[12] 基準カテゴリーである所得100万円以上300万円未満のカテゴリーと比べると，5.5ポイント程度投票する確率が上昇するとの推定である。職業については事務職を基準とすると，非正規雇用，無職が負の効果で統計的に有意であり，基準カテゴリーである事務職と比べると，非正規雇用では4.8ポイント，無職が11.2ポイントほど投票する確率が低下すると推定されている。[13]

　次に意識変数を含めた MODEL2 の結果を確認する。まず学歴は，MODEL1 と同様に正の効果で統計的に有意であり，意識変数を投入した場合でも

---

11) 本章の推定では標準誤差について，調査の抽出地点（市区町村単位）をクラスターとして調整したロバスト標準誤差を採用している。また続く分析 1，図 8 - 1 は二項プロビット回帰分析，分析 2 は多項プロビット回帰分析の推定結果である。
12) 100万円未満を基準とした場合，900万円以上は 5 ％水準で統計的に有意であった。
13) 統制変数ではあるが，他の変数の影響を統制した上でも女性の方が棄権しやすい傾向だった。

最終学歴が大学卒業以上である場合は，高校卒業の場合と比べて約4.4ポイント投票する確率が上昇すると推定されている。所得に関しては，MODEL2では係数は小さくなり，統計的に有意ではない。意識変数を投入することで，所得と投票の直接の効果が低減したと考えられるため，所得は階層意識を媒介して投票と関連している可能性があるだろう。職業については，非正規雇用，無職が負の効果で統計的に有意であり，非正規雇用の有意水準が10%となった以外ではMODEL1との違いは小さい。したがって，このモデルからは，これら職業の効果は，今回投入した意識とは独立して直接投票に影響していると考えられよう。

　MODEL2で投入した意識変数自体の効果としては，生活満足度は正の効果で統計的に有意であるが，それ以外の変数の効果は統計的に有意ではなかった。有意であった生活満足度については，5段階で測定された生活満足度が1段階あがるごとに，約2.1ポイント投票する確率が上昇すると推定されている。

　以上の分析結果から，学歴や所得だけでなく，職業や雇用形態における投票の格差を考慮する必要性があると推察できる。職業は雇用状態を含めた分析を行うと，それらは他の階層的地位と比べても投票参加に大きな効果を有している。正規の事務職であることは，無職や非正規雇用と比べて，約5〜12ポイント投票する確率を上昇させる。また所得についても，900万円以上であることは，所得が0〜100万円の場合と比べて約5.5ポイント投票する確率を上昇させる。所得の差は，階層意識を投入することで消失するものの，生活満足度でも最大で約9ポイントの差が生じており，高所得ゆえの生活の満足度が投票を促している可能性は十分に考えられる。一方で，階層帰属意識の高低や再分配支持・福祉主義は投票参加／棄権と関連がないようである。

3.2　投票参加と階層的地位の関連──投票先政党を加味した場合

　前項の結果は，自民党が大勝した選挙を対象とした分析である。そのため，次のような仮定も考えられる。「高階層＆自民党」対「低階層＆棄権」という図式で，生活に満足した豊かな有権者が投票したのではないか。再分配や福

祉の態度が投票参加に影響していないのは自民党投票者の効果なのではないか。ただし，そのように解釈するのは，早急である。棄権を基準カテゴリーとした場合の各政党への投票に対する階層的地位の影響を推定した分析結果（付表・分析2）から考えよう。

　その結果を見ていくと，確かに棄権者と比べて自民党投票者は高階層である。棄権の MODEL1 を見ると，大卒，所得900万円以上が負の効果で，非正規雇用，無職が正の効果で統計的に有意である。一方，自民党投票の MODEL1 を見ると，所得（300〜600万円，600〜900万円，900万円以上）が正の効果で，熟練・半熟練・非熟練マニュアル職，非正規雇用，無職が負の効果で統計的に有意である。自民党投票に対する所得の効果は900万円以上が最も高く，基準カテゴリーである所得100万円以上300万円未満のカテゴリーと比べると，9.3ポイントほど投票する確率が高まる。確かに意識変数を追加した MODEL2 では，大卒と所得の効果が消失し，熟練，非正規雇用の有意水準が10%となる。しかし階層帰属意識，生活満足度が正の効果，再分配支持，福祉主義が負の効果で統計的に有意である。つまり投票に行った人々と自民党への投票者の階層的地位の特徴は近似しており，また棄権の平均限界効果における所得や非正規雇用，無職の効果の正負が逆である。そのため一見すると，自民党と棄権を「表裏」として捉えることができる。

　とはいえ，分析2の結果からは，政治的「対立」においては自民党の対抗馬と考えられている立憲民主党が，特に低所得者層から支持されているわけではないこともわかる。立憲民主党投票の MODEL1 を見ると，中学校卒，所得100万円未満，管理職，販売サービス，熟練が負の効果で，短大・高専卒，大学・大学院卒が正の効果で統計的に有意であり，管理職を除いて MODEL2 でも効果は消失しない。所得100万円未満については，MODEL1 では5.1ポイント，MODEL2 では4.7ポイントほど立憲民主党に投票する確率が低下する。MODEL2 で投入した意識については，階層帰属意識が負の効果で，再分配支持と福祉主義が正の効果で統計的に有意である。立憲民主党投票に対する各変数の効果量を比較すると，MODEL1，2のいずれでも学歴の効果が大きい。

大学・大学院卒では，高校卒と比べて7.2ポイントほど立憲民主党投票の確率が上昇する。

　このように階層的地位では特に「対立」はないが，MODEL2 の結果をみると意識の面では一定の対立構造が存在している。自民党への投票者の特徴は，生活満足度や主観的階層の高さである。さらに再分配支持や福祉主義に対する反発であろう。再分配を支持する場合も，福祉主義を支持する場合も，自民党投票の確率が 1 段階ごとに3.9ポイント低下する。一方，立憲民主党への投票者については，その逆の特徴を示している。再分配を支持する場合には 1 段階ごとに3.9ポイント，福祉主義を支持する場合には， 1 段階ごとに2.1ポイント立憲民主党への投票確率が上昇する。なお，こうした意識について自民党や立憲民主党ほど棄権者と大きな差がないのは希望の党への投票者であり，再分配を支持する場合には 1 段階ごとに1.5ポイント，福祉主義を支持する場合には，1 段階ごとに1.4ポイント希望の党への投票確率が上昇する。

　平均限界効果を比較すると，高所得者層は自民党に投票し，高学歴層は立憲民主党に投票する傾向にある。さらに所得が最も低いカテゴリーでは立憲民主党に投票しない傾向にあり，階層的地位の高低との対応関係で見れば立憲民主党も「高階層」な政党になる。高学歴，高所得といった層が投票し，非正規雇用，無職といった層が棄権する。高所得者層は生活満足度を介して投票する。投票したもののうち，所得が高く，生活満足度や階層帰属意識が高く，福祉や再分配に否定的であると自民党へ投票し，肯定的な場合は立憲民主党に投票する。このように，投票／棄権の選択には階層的地位が大きく影響し，自身の生活や階層に関する認知や再分配・福祉に対する態度が政党選択を決めるようである。

3.3　投票参加の格差はどのように解釈できるのか

　再分配支持や福祉主義は，政党選択に影響を与えているが，投票参加や棄権にはあまり影響していないことが明らかになった。それでは，こうした態度を支持するのはどのような人々なのか。以下の図 8 - 1 は再分配支持と福祉主義

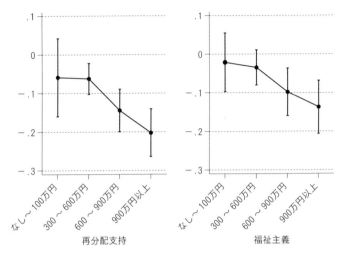

図 8-1 再分配支持と福祉主義における平均限界効果の予測値
注）基準は 0 ～100万円。年齢，性別，学歴，職業を統制している。

における平均限界効果の予測値を示したものである。[14]

　予測値から明らかになることは，高所得層における再分配や福祉に対する厳しい態度である。600万円以上900万円未満の所得層では，100～300万円の所得層と比べて，再分配支持は15ポイント，福祉主義は10ポイントほど低い傾向にある。また，900万円以上の所得カテゴリーでは，100～300万円の所得層と比べて，再分配支持は20ポイント，福祉主義は13ポイントほど低い傾向にある。これらは，年齢や性別，学歴，職業の効果を統制した，所得階層の効果と解釈することができる。つまり，積極的に投票に行く高所得者層が格差を肯定し，福祉に厳しい態度をとっていることを示唆する。この結果を念頭におけば，「棄権する人が多いと，一部の利益しか代弁しない政府が生まれる」という懸念は，まさしく階層的格差を象徴する懸念であるとも解釈できるのではないだろうか。なお，分析 1，2 で確認したように，投票を従属変数とした分析に上記の福祉主義・再分配支持を投入しても統計的に有意な効果は得られなかった。

14）再分配支持や福祉主義は解釈が簡便となるよう，二値変数に変換している。線形での推定も行ったが，議論が変わるような変化は確認されなかった。

再分配や福祉に対する態度は階層によって異なるにもかかわらず，投票には影響しないというのは，棄権する有権者にとって，それらが投票を促すような争点になっていない可能性を示唆している。

▼ 4　投票参加の階層的格差から示唆されること ◢

　前節での分析の結果を振り返りながら，階層政治論に与える含意を考察していこう。学歴，職業，所得などの階層的地位は，いずれも投票の参加／棄権には影響していることが明らかになった。先行研究と同様に学歴の効果は示されたが，その効果を統制しても所得や職業階層，雇用形態が投票参加／棄権に与える影響が確認された。また，生活満足度は投票参加／棄権と，政党選択のいずれにも影響があることがわかる。さらに，再分配支持や福祉主義は，低所得者層と高所得者層で需要がはっきりと分かれるが，投票参加／棄権には特に影響していなかった。この点については，自民党に投票する人々は再分配や福祉に反対で，野党投票者は肯定的な傾向にある。

　このような政党間の対立を含めた分析の結果から，政党を選択する段階ではなく，まず投票するか否かにおいて「格差」が現れているようである。高階層な有権者は自民党に投票し，そうでない有権者は他の政党に入れるか，もしくは投票しないというような構図ではない。高階層な有権者の間では，有力政党の選択という争いが確かに存在する。しかしながら，低学歴，低所得，非ホワイトカラー，不安定就労，低い生活満足意識といった階層的特徴を有する有権者は，そのような対立に参加しない状況にある。[15] 彼らはまさに，政党政治から疎外された存在，隔離された存在（the left-out）［今井 2019］として存在しているようにも思われる。さらに，低所得者層にいたっては，高所得者層よりも再分配や福祉を要求する傾向にあるが，彼ら／彼女らはより投票に赴かないという構造も浮き彫りになった。

15）分析結果からは女性の投票参加確率が男性より低い傾向にあることも示された。社会階層だけでなく，ジェンダーによる格差構造の解明も，今後の重要な課題であろう。

付表 多変量解析の結果

			分析1 投票参加		分析2 棄権	
			MODEL1	MODEL2	MODEL1	MODEL2
階層的地位	学歴	基準:高校卒				
		中学校卒	−0.035	−0.030	0.032	0.026
			(0.026)	(0.026)	(0.026)	(0.026)
		短大・専門卒	0.031	0.031	−0.030	−0.030
			(0.021)	(0.021)	(0.021)	(0.021)
		大学・大学院卒	0.049**	0.044*	−0.051**	−0.045**
			(0.017)	(0.017)	(0.017)	(0.017)
	所得	基準:100～300万円未満				
		100万円未満	−0.015	−0.008	0.017	0.011
			(0.039)	(0.038)	(0.039)	(0.037)
		300～600万円未満	0.029	0.022	−0.027	−0.020
			(0.026)	(0.025)	(0.025)	(0.024)
		600～900万円未満	0.031	0.017	−0.029	−0.015
			(0.026)	(0.026)	(0.026)	(0.025)
		900万円以上	0.055+	0.036	−0.053+	−0.034
			(0.030)	(0.029)	(0.030)	(0.028)
	職業	基準:事務				
		専門	−0.024	−0.026	0.021	0.023
			(0.028)	(0.028)	(0.028)	(0.029)
		管理	−0.038	−0.038	0.033	0.033
			(0.044)	(0.045)	(0.044)	(0.045)
		販売サービス	−0.039	−0.037	0.036	0.034
			(0.034)	(0.034)	(0.034)	(0.033)
		熟練	−0.063	−0.062	0.057	0.055
			(0.040)	(0.040)	(0.040)	(0.040)
		半熟練	−0.058	−0.059	0.054	0.054
			(0.039)	(0.039)	(0.039)	(0.040)
		非熟練	−0.047	−0.044	0.042	0.038
			(0.053)	(0.053)	(0.052)	(0.051)
		農林	0.038	0.035	−0.041	−0.041
			(0.037)	(0.036)	(0.036)	(0.036)
		非正規雇用	−0.048*	−0.046+	0.048+	0.045+
			(0.024)	(0.024)	(0.025)	(0.024)
		主婦・学生	−0.019	−0.024	0.018	0.024
			(0.028)	(0.028)	(0.029)	(0.029)
		無職	−0.112**	−0.115**	0.110**	0.114**
			(0.038)	(0.038)	(0.038)	(0.037)
		失業	−0.002	0.002	0.001	−0.003
			(0.041)	(0.040)	(0.042)	(0.041)
意識	生活満足度	4段階		0.021*		−0.023*
				(0.011)		(0.010)
	階層帰属意識5段階			0.009		−0.009
				(0.010)		(0.010)
	再分配支持	4段階		0.005		−0.005
				(0.009)		(0.009)
	福祉主義	4段階		0.006		−0.007
				(0.009)		(0.009)
統制変数	年齢	年齢	0.004	0.004	−0.004	−0.005
			(0.004)	(0.004)	(0.004)	(0.004)
		年齢(二乗/100)	0.004	0.003	−0.003	−0.003
			(0.004)	(0.004)	(0.004)	(0.004)
	性別	男性ダミー	0.033*	0.036*	−0.031*	−0.034*
			(0.015)	(0.015)	(0.015)	(0.015)

Log pseudolikelihood(MODEL1/MODEL2) −1401.2654/−1397.3279

Observations

** p<0.01, * p<0.05, + p<0.1, Standard errors in parentheses

（分析 1・分析 2）

	分析 2							
	自民党		希望の党		立憲民主党		その他の政党・白票	
	MODEL1	MODEL2	MODEL1	MODEL2	MODEL1	MODEL2	MODEL1	MODEL2
	0.031	0.049	−0.029	−0.030	−0.031[+]	−0.035[+]	−0.003	−0.011
	(0.033)	(0.034)	(0.020)	(0.020)	(0.018)	(0.018)	(0.021)	(0.021)
	0.025	0.021	−0.009	−0.010	0.033[+]	0.036*	−0.019	−0.017
	(0.028)	(0.028)	(0.019)	(0.019)	(0.017)	(0.017)	(0.020)	(0.020)
	0.003	−0.013	−0.027[+]	−0.029[+]	0.070**	0.073**	0.006	0.013
	(0.023)	(0.022)	(0.015)	(0.015)	(0.017)	(0.016)	(0.022)	(0.022)
	0.007	0.018	−0.004	−0.007	−0.051[+]	−0.046[+]	0.031	0.024
	(0.037)	(0.038)	(0.026)	(0.026)	(0.029)	(0.027)	(0.038)	(0.036)
	0.042*	0.018	−0.017	−0.019	0.009	0.018	−0.007	0.003
	(0.022)	(0.023)	(0.018)	(0.018)	(0.018)	(0.017)	(0.020)	(0.020)
	0.050[+]	−0.006	−0.013	−0.012	0.014	0.036	−0.022	−0.002
	(0.028)	(0.029)	(0.020)	(0.022)	(0.024)	(0.024)	(0.025)	(0.027)
	0.093**	0.015	−0.006	−0.006	0.013	0.043	−0.046[+]	−0.019
	(0.028)	(0.030)	(0.021)	(0.024)	(0.026)	(0.028)	(0.023)	(0.024)
	−0.055	−0.062	0.005	0.007	−0.016	−0.014	0.044	0.046
	(0.039)	(0.038)	(0.031)	(0.030)	(0.033)	(0.033)	(0.040)	(0.040)
	−0.009	−0.032	0.009	0.015	−0.064*	−0.052	0.030	0.036
	(0.042)	(0.041)	(0.035)	(0.035)	(0.032)	(0.032)	(0.037)	(0.038)
	−0.057	−0.061	0.001	0.002	−0.061[+]	−0.058[+]	0.081*	0.084*
	(0.044)	(0.043)	(0.032)	(0.032)	(0.032)	(0.032)	(0.036)	(0.036)
	−0.099*	−0.098*	0.040	0.042	−0.061[+]	−0.062[+]	0.063[+]	0.062[+]
	(0.049)	(0.050)	(0.041)	(0.041)	(0.033)	(0.034)	(0.037)	(0.037)
	−0.047	−0.041	−0.010	−0.010	0.008	0.000	−0.005	−0.003
	(0.047)	(0.045)	(0.036)	(0.035)	(0.043)	(0.042)	(0.039)	(0.038)
	−0.146*	−0.134*	0.059	0.057	−0.048	−0.054	0.094	0.093
	(0.063)	(0.064)	(0.058)	(0.059)	(0.053)	(0.051)	(0.061)	(0.060)
	−0.011	−0.015	0.066	0.070	−0.026	−0.030	0.012	0.016
	(0.054)	(0.054)	(0.044)	(0.044)	(0.046)	(0.044)	(0.043)	(0.043)
	−0.068[+]	−0.063[+]	0.003	0.002	−0.002	−0.003	0.021	0.019
	(0.037)	(0.036)	(0.031)	(0.031)	(0.027)	(0.027)	(0.028)	(0.028)
	−0.033	−0.042	−0.020	−0.019	0.039	0.037	−0.005	0.000
	(0.038)	(0.037)	(0.027)	(0.026)	(0.030)	(0.030)	(0.025)	(0.025)
	−0.137**	−0.137**	−0.032	−0.030	0.010	0.007	0.049	0.047
	(0.045)	(0.043)	(0.037)	(0.036)	(0.032)	(0.031)	(0.041)	(0.040)
	−0.097[+]	−0.069	0.041	0.036	−0.037	−0.047	0.091*	0.083*
	(0.051)	(0.052)	(0.040)	(0.039)	(0.047)	(0.046)	(0.042)	(0.042)
		0.034**		−0.013		0.013		−0.011
		(0.013)		(0.009)		(0.010)		(0.011)
		0.035**		0.015		−0.019[+]		−0.021[+]
		(0.013)		(0.009)		(0.011)		(0.011)
		−0.038**		0.016[+]		0.037**		−0.010
		(0.013)		(0.009)		(0.013)		(0.011)
		−0.039**		0.014[+]		0.019*		0.013
		(0.011)		(0.008)		(0.009)		(0.010)
	−0.015**	−0.012**	0.006*	0.005[+]	0.010**	0.009**	0.004	0.003
	(0.005)	(0.005)	(0.003)	(0.003)	(0.003)	(0.003)	(0.004)	(0.004)
	0.015**	0.012**	−0.004	−0.004	−0.007*	−0.006[+]	−0.001	−0.001
	(0.005)	(0.005)	(0.003)	(0.003)	(0.003)	(0.003)	(0.004)	(0.004)
	0.053**	0.057**	−0.026**	−0.024*	0.032*	0.033*	−0.028[+]	−0.031*
	(0.018)	(0.018)	(0.010)	(0.010)	(0.013)	(0.013)	(0.015)	(0.016)

−4641.3967/−4591.5979

3,088

　階層的地位や階層意識は，投票に行くか・行かないか，という民主主義における基礎的な行動を説明する要因として，その影響は比較的大きい。そのため，従来の階層政治論での枠組みを越えて投票／棄権の選択に階層が関連していることを示した本章の議論は，格差の生成要因ともなりうる政治構造に対する研究である。階層構造を固定化あるいは拡大する装置としての政治の入り口である投票参加に対する階層の影響は，今後の社会階層研究においても重要な意味を持つものであり，今後も考察を続けていきたい。

謝辞
　本研究は JSPS 科研費 16H03702，JP19J10029 の助成を受けたものです。

第 9 章

ナショナリズムと社会的格差
—— 類型化と国際比較による関連性の検証

田辺俊介

▼ 1　ナショナリズムと格差の影響関係 ◢

　近年，ナショナリズムが影響したと考えられる政治的出来事が頻発している。当時は専門家のほとんどが「予想外」と論じたトランプ大統領の出現，大方の予想を裏切るイギリスのEU離脱（Brexit），あるいは戦後欧州では長らくタブーとみなされていた排外主義を掲げる極右政党の欧州諸国における伸張など，その事例は枚挙にいとまが無い。

　そのようなナショナリズムの政治的利用とその成功の背景に，一国内の格差拡大が存在すると主張されることは少なくない。新自由主義やグローバル化の影響により，多くの先進民主主義諸国において経済的な格差が拡大傾向にある。実際，労働者の実質賃金が停滞か微増に止まるのに対し，トップ層の賃金が急激に増加するなどの不平等の拡大が，多くの国々で観察されている［ILO 2009］。所得格差の長期的趨勢などを論じたピケティの大著『21世紀の資本』［ピケティ2014］が，学術界に限らず一般的な話題になったのも，そのような経済的格差問題への関心が高まっている1つの証左であろう。

　しかし，そのような国内の格差拡大を問題とするならば，その解消のための再分配政策の訴えが強まり，国民間の平等を求める形のナショナリズムが強まってもおかしくない。特にアメリカやフランスなどの「市民型（civic）」とされるネーション［Kohn［1944］1994］で主張されたナショナリズムは，歴史的

には王権や貴族のような身分に基づく支配からの解放を求め，水平的な共同体
としての「国民（nation）」を求める思想であったのだから。

　それに対して近年の格差拡大とともに顕在化したナショナリズムの多くは，
国内の平等を求めるよりも，むしろ特定の属性（民族・人種など）の人々への排
外主義を特徴とするものである。経済的な格差の解消のための再分配よりも，
主要民族の「国民」としての承認問題を前面に押し出す政党・政治家への支持
が広がっているのである。その点についてフクヤマ［2019］は，物質的・経済
的な利害によりも，人は時として尊厳の承認，特に集団レベルの承認を求める
ものであり，そのような「アイデンティティ政治」が影響した結果と論じる。

　そのような経済・社会的格差とナショナリズムの間の関連は，現代の日本社
会ではどのような状況なのか。復古的ナショナリストとして世界的に名をはせ
る安倍晋三が憲政史上最長の首相となったことを考えれば，日本社会において
もナショナリズムが政治に影響しているとも考えられる。そこで本章では一定
の研究が進む欧米の知見を参考にしつつ，日本社会におけるその関連と社会的
背景を，ネーション形成や社会的背景の面において欧米よりも近似した特徴を
持つと考えられる東アジアの国（韓国）との国際比較も加えて検討する。それ
によって，現代のグローバル化した社会におけるナショナリズムと格差の関連
構造について，一国内の関係にとどまらない国際比較の視点を基に明らかにし
ていく。

▼ 2　格差とナショナリズム ◢

2.1　「国内」平等化のエージェントとしてのナショナリズム

　ナショナリズムが「平等化」に影響した，少なくともそれを正当化するロ
ジックとなったという視点は，ナショナリズムは近代に誕生した現象と主張す
る「近代主義」と呼ばれるナショナリズムの研究潮流からも導かれる。たとえ
ば近代主義の代表的論者であるゲルナー［2000］は，ナショナリズムを「政治
的な単位と民族的な単位が一致しなければならないと主張する一つの政治的原

理」［ゲルナー 2000：1］と定義した上で，農耕社会から産業社会への変化とし
て発生した近代産業化による創造物とみなした。人々は産業化に伴う社会移動
の増加によって，地縁・血縁などの基礎的な社会的紐帯に基づきつつ，貴族や
平民などの身分差を前提とした垂直的な前近代的共同体から切り離された。同
時に産業化推進への必要性から言語と文化が標準化された結果，その標準言
語・文化に基づく水平的・平等主義的な共同体としての「ネーション＝国民」
が，新たな統合原理として構築されたと論じる。

　あるいはアンダーソンは著名な『想像の共同体』［アンダーソン 2007］におい
て，ネーションを「想像された，限られた範囲を持った1つの政治的共同体」
と定義した上で，「出版資本主義」によるナショナリズムの発生と流行による
人々の共同性の変化を論じている。具体的には，出版資本主義の発展によって
(特定のエリートではない，より広範な人々が用いる)「俗語」で書かれた新聞や小説
などの出版物が流通し，その出版語によるコミュニケーションが可能な場・範
囲が誕生する。その範囲を基礎に，(前近代的な身分などからは切り離された)平等
な共同性としてのネーションが想像可能となったという。

　このような想像力は，ネーション内の不平等を「問題」と捉える視点にもつ
ながる。たとえばアメリカというネーションを誕生させた独立宣言前文には，
「すべての人間は生まれながらにして平等である」という言葉が存在する。あ
るいはナショナリズムに基づく典型的な革命とされるフランス革命の標語の1
つにも「平等」が含まれる。

　成立直後のアメリカ合衆国やフランス共和国では，実はまだまだ限られた属
性 (有財産の男性，そして「白人」)をもつ人々のみが真の「国民」であった。し
かしその後，その時々の二級市民が十全な「国民」に包摂されていく歴史的流
れが確かに存在する。たとえば当初，財産を持つ主流民族の男性に限られてい
た参政権は，総力戦のようなネーション単位での闘争に伴い，(納税額の少ない)
「労働者」，(徴兵対象としての)「少数民族」，(戦時労働参加から)「女性」などにも
「国民」の権利として拡大されていった。またその過程において，新たに統合
された新国民も含むネーション内の貧困を「問題」と見なす視点も強まり，再

分配政策の推進や福祉国家の成立ともつながっていったと考えられる[1]。

　そのような国民内部の格差の平等化を促すナショナリズムは，歴史的には市民的（civic）ナショナリズムと分類され，近年は「リベラル・ナショナリズム」などとして語られるものともつながってくる［ミラー 2007］。そのリベラル・ナショナリズムが，仮に個々人の経済的利益に基づく価値観の1つとして形成され，表明されるのであれば，その平等化によって利益を得る，比較的低階層者の方が抱きやすいと考えられよう。しかし実際のデータ分析からは，欧米ではむしろ高学歴層や比較的世帯収入が高い層［Bonikowski and DiMaggio 2016］の人々が抱きやすい傾向にあることが確認されている。そのため，他の国民に対する再分配で負担を求められやすい人々が，リベラル・ナショナリズムに基づき応分負担を納得するのであれば，特定の形態のナショナリズムは，国民間の平等化を促すエージェントにもなりえるとも考えられよう。

2.2　格差隠蔽装置としてのナショナリズム

　前項で述べたように，国民間の平等化に一定の貢献をなしうる形態のナショナリズムも存在しうるが，他方で「国民」以外，特に文化・民族面で主流国民と異なる人々への区別（あるいは差別）を正当化するロジックにもなる。そのような民族・文化的同一性を求める民族的（エスノ）ナショナリズムは，マジョリティとは異なる民族・文化的背景をもつ人々に対する差別や階層格差などを，「我々」と「彼ら／彼女ら」の違いとして「当たり前」とみなす認知的枠組みとなりうる。また同時に，「主流」とされる国民間に「同じマジョリティ」という意識を持たせることで，その「主流国民」の間に存在する実質的な階層的不平等を隠蔽する。それによって，多数派としての民族・文化的背景を持つ人々の間での水平的共同体意識を醸成した側面も無視できない［アンダーソン 2007など］。

1）その範囲が結局は「国民」に限られることの国際関係や世界的貧困から見た問題点は，ミュルダール［1970］の「福祉国家の国民主義的限界」という古典的議論以来，長い論争が存在する。

　そのため，この形態のナショナリズムは，実際の平等化を促すよりも，むしろ国内の様々な「格差」を正当化する装置にもなりうる。その装置の駆動の実例を示すように，各種新聞紙面や事例的な議論では，経済的に不遇な状況の人々（いわゆる「取り残された人々（the left behind）」）が，自分たちとは異なる文化・民族的背景をもつ移民などの「彼ら／彼女ら」に対する排外主義を高め，トランプ支持者になったり，イギリスのEU離脱を支持したり，極右政党の支持者となるというストーリーがよく語られる。

　しかし近年における多くの実証研究では，経済的困難や貧困を抱えること自体が，直接人々のナショナリズムを高めるという関係性は否定されてきている。特に排外主義的態度を個々人の経済的苦境に帰する議論は，実証的根拠がないと否定しても何度もよみがえる「ゾンビ理論」とまで呼ばれている［中井2021］。確かに日本のデータ分析の結果からも，ナショナリズムのうちでも特に排外主義について，階層的影響力は比較的弱いことが見て取れる［田辺2018］。また共産党の下の中国では国家（state）が経済成長の主導者であることから，経済的不平等の認知がナショナリズムを低下させるという研究もある［Chen 2020］ように，社会的背景による差異も大きいと考えられる。

　そのためもう少し慎重に，格差正当化装置としてのナショナリズムの駆動ロジックを考えみよう。1つ考えられるのは，特定の集団的アイデンティティを持つことで自身の自尊心を高めるという社会的アイデンティティ理論を用いた説明である。特定の社会内で承認欲求が満たされず，不遇と感じる状況下にある人ほど，「集団」として利用可能なアイデンティティを自尊心の源泉として用いると想定できる。逆に，他の諸属性から得られるアイデンティティによって自尊心が満たされている場合，ナショナリズムという形の集団的アイデンティティを抱く必要もなくなると考えられる。そのようなメカニズムから，特定の社会内で階層的に低位にいると感じる人，あるいは低下への脅威を感じる人々ほど，強いナショナリズム的感情を抱きやすいと予想されるのである［Shayo 2009］。

　この説明は，グローバル化によって没落する中間層の抱くナショナリズムと

して語られる理論にも適用可能だろう。たとえば豪州の人類学者ハージ［2003］は，新自由主義の隆盛にともなう福祉国家の後退によって「国民」としての安定的な地位が脅かされた人々は，彼ら／彼女らが「真性の国民」と見なさない移民にその恐怖を投影し，その排斥を求めるパラノイド型ナショナリズムを抱くようになると論じる。社会的流動化によって雇用の不安定化などが進展する日本においても，若年層が不安を背景にネーションに回帰することで近隣諸国への攻撃性を高めるという不安型ナショナリズム［高原 2006］が論じられていた。

　このようなアイデンティティ脅威に対応した承認欲求としてネーションへの一体化は，いくつかの量的な分析を行う研究でも検討されている。たとえば集団的アイデンティティの効用のために，一部低所得者がナショナル・プライドを高める傾向が示されている［Shayo 2009；Han 2013］。ただし Solt［2011］は，経済格差が大きい国では階層横断的にナショナル・プライドが高まる傾向を指摘しており，再分配政策への期待から目をそらせたい政府や政治の側が，不利な争点から有権者の目をそらす，いわば「陽動作戦」の結果とも指摘される［中井 2021］。実際，国内の経済的不平等の進展が「敵国」への敵意に転換される事例として，日韓関係についての Yoo［2018］の研究などもある。

　以上はまさに格差を隠蔽する装置として使用されているナショナリズムの存在を指摘する諸研究である。ただし，Solt が指摘している国の経済格差の状況，あるいは Chen［2020］の研究が論じる国家（state）が経済成長に果たす役割の違いのようなネーションの成立背景や類型などによって，ナショナリズムの諸相やその格差・階層との関連にも様々な違いが生じることを想定できるだろう。

2.3　「認知」としてのナショナリズム

　ここまで紹介してきた先行研究も含めてナショナリズムに関する実証的研究の多くは，ナショナル・プライドという愛国主義的側面や，移民を脅威と見なす排外主義的側面のように，それぞれ一側面に特化した分析をすることが多かった。その結果，ナショナリズムという多元的な存在の一面のみを捉える議

論となりやすく，下位概念間の関連や下位概念ごとの規定要因の異同などが不明確となりやすかった。たとえば排外主義が強いと愛国主義も強くなりやすいのか，あるいは各種階層と排外主義の間の関連は果たして愛国主義との関係と同様であるのか。それらの関連性はあまり整理されず，類似したものとの想定で論じられていた。

　しかし実証的には，たとえば西欧諸国の多くでは民主主義へのプライドのような市民的ナショナル・プライドが排外主義を抑制する一方，日本では排外主義と共変する傾向［田辺 2010］や，愛国心のような側面は比較的高階層者が，他方で排外主義的な意識は低学歴者の方が抱きやすい傾向が示されるなど［田辺編 2011］，下位概念間の関連やその規定構造には様々な形態が存在することが示されている。

　そのような関連構造や規定要因を同時に分析するための視点として，ナショナリズムを認知フレーム［Brubaker 2004］とみなし，そのフレームを類型化した上でその担い手を分析する研究が登場している［Bonikowski and DiMaggio 2016 など］。

　この研究視点を用いること，つまりナショナリズムを認知的フレーム，いわば 1 つの「世界についての見方（perspectives on the world）」として扱う［Brubaker 2004］ことで，様々な要素が組み合わさった認知的枠組みとして捉えることが可能となる。ただし，その「組み合わせ」は個々人がバラバラに生み出すものではなく，公共の記憶や言論空間のコード，制度的・組織的ルーティンなどに埋め込まれて生じる。そのため，社会的に一定程度共有され，アクセス可能な「認知のテンプレート」となっている［佐藤 2017］。よって各社会に存在する認知フレームとしてのナショナリズムの異同を明らかにすることができれば，ナショナリズムの構造的共通性とネーションごとの特異性を弁別可能となるだろう。

　また，この認知枠組みという視点を用いることで一国内のナショナリズムの多様性とその類型をも論じることができる。たとえばアメリカにおける類型を認知図式として検証した前掲の研究［Bonikowski and DiMaggio 2016］が，トラ

ンプ支持者の背景とも考えられるナショナリズム類型を実証的に示している。具体的には国際社会調査プログラム（International Social Survey Programme, 以下「ISSP」と略記）の National Identity モジュールに含まれる国への親近感，「真の国民」の条件，個別項目への誇りの感情，自国中心主義的見解など合計23項目に潜在クラス分析[2]を適用し，認知図式としてのナショナリズム類型の4つを抽出したものである。

　1つ目の類型は全項目についてナショナリズムの傾向が強く，「熱烈派（Ardent）」と名づけられた。構成比率は24％程度で，国民と非国民の間の境界設定にかかわる項目について，「出生」や「宗教」などの民族・文化的な基準と「法制度遵守」や「自己定義」などの市民・政治的条件の両者を必要と考える点が大きな特徴である。それと対照的なのが「離脱派（Disengaged）」と呼ばれる全項目において反ナショナリズム的傾向があるクラスだが，その構成比率は一番小さく二割弱（17％）に止まる。3つ目の類型は「制限派（Restrictive）」と命名され，国民の基準である純化主義［田辺編 2011］について「出生」などの民族・文化的側面で特に制限的である一方，ナショナル・プライドは全体的に低めであり，構成比率は38％と最大であった。最後の類型は「信条派（Creedal）」という名称で，アメリカ的信条と重なるように純化主義は市民的側面の条件のみを重視した，ある種のリベラル・ナショナリストと呼びうる人々で，構成比率は22％であった。それらクラスと社会的態度（移民や少数派への態度など）や外交政策の選好との関連も明確で，特に信条派クラスと熱烈派や離脱派クラスの間で社会・政治的態度の違いが目立ち，信条派クラスは非排外主義的で，また比較的再分配志向のある民主党への支持も強かった。

　なお Bonikowski［2013］では，熱烈派と同様の類型が国粋（Ultra），離脱派が批判（Critical），制限派はポピュリスト（Populist），信条派はリベラル（Liberal）と名づけられていたように，それぞれの類型の位置づけは研究によって異なる。しかしその認知枠組みとしての類型の先進諸国間の同質性の高さについ

2）潜在クラス分析とは，回答パターンの背後にある質的な潜在変数としてのクラスによって対象を分類する手法で，いわば質的変数の因子分析と言いうる解析法である。

ては，古典的な Kohn［[1944] 1994］以来のナショナリズム分類では異なる類型とされる民族型のドイツと市民型のフランスとアメリカとの間でも類似していたことから，世界的共通性が主張されている［Bonikowski 2013；2017］。

　しかしナショナリズムという認知フレームは，本当に「世界共通」なのだろうか。たとえば共通性を見出した Bonikowski［2013］の研究で用いられている ISSP データは，分析に用いられた30カ国中，西欧諸国（含オセアニア）は17カ国で過半数を超えており，東欧・ロシアを含めると23カ国と 8 割近い。そのような西欧や，少なくとも西欧や欧州諸国の割合の高さが影響し，「共通性」が見出されている可能性は否定できないだろう。そこで本章では東アジアの 2 カ国（日本と韓国）の分析を通じ，アメリカや欧州との異同を検討する。

　また階層的地位とナショナリズムの関係についても，欧米の諸研究では，たとえば高学歴者の方が非排外的な傾向がみられる点は共通しており，頑健な知見と言える。[3] 一方アジアでは欧米と比較して開発主義的な，またいわゆる後発型のナショナリズムの国々が多い。そのように経済発展に果たした国家（state）の役割が異なるため，格差とナショナリズムの関連が異なる可能性もある。実際，中国では国家が経済成長の主導者であることが影響してか，経済的不平等認知はナショナリズムを低下させる効果をもつとの結果も報告されている［Chen 2020］。それではナショナリズムの類型としては後発型であるが，同時に OECD 諸国として一定の経済発展も果たした日本と韓国ではどうであるのか。本章ではその点も検証する。

---

3) ただし，その関係については中井［2021］なども論じるように，社会的望ましさバイアスが影響している部分も含まれるだろう。とはいえ，「どのような意見が社会的に望ましいのか」を学び，内面化すること自体，実は 1 つの世界の見方を身につけることでもある。そこでここでは，そのような「望ましさ」を含んだ回答それ自体も，1 つの世界観として分析対象となりうると考えている。

▼　3　ナショナリズムの類型とその担い手　◢

3.1　アジア型のナショナリズムの類型はあるのか？

　本節では，先行研究の欧米型とは異なるアジア型の類型が存在するか否かを確認するために Bonikowski と DiMaggio［2016］にならい，国際社会調査プログラム（ISSP）のデータに含まれる23項目に対する潜在クラス分析を行った（ただし最新2013データを使用）。

　分析に用いた項目の詳細は，表9-1にある通りである。大別すれば，前述のようにネーションの内外を分ける基準である純化主義と，その純化主義によって「我々」とされた境界内部に対する認識や意識である愛国主義である。愛国主義の中でも今回は，自国への愛着，自国の優越感を主とした自国中心主義，個別項目への誇りの感情（ナショナル・プライド）などに関わる項目を分析対象としている。それら項目に対する潜在クラス分析によって抽出されたクラス[4]の各設問への応答確率は次の図9-1の通りである。

　まず日本と韓国の両国とも，欧米に対する先行研究［Bonikowski and DiMaggio 2016］と近似し，すべての項目で「とても」という選択肢の選択率が高い「国粋」クラスと，対極的に全体的に賛成率が低く，一部（たとえば「間違っても自国を支持」など）は明確に反対する「反ナショナリズム」と呼びうるクラスが抽出された。

---

4) 潜在クラス分析では抽出するクラス数が重要だが，今回の分析では統計的指標の数値が一貫していない。情報量基準 BIC では日本は6，韓国は5クラスに，ABIC では両国とも7クラス以上が最適となる。また尤度比検定の1つ BLRT では10以上のクラス数も有意であり続け，一方同じ尤度比検定の VLMR では日韓とも2クラスと逆に弁別が不十分となる。そこで分類精度を示すエントロピーや情報量基準の変化幅などの基準で比較的良好であり，また先行研究［Bonikowski and DiMaggio 2016 など］との比較可能性も考慮して両国とも4クラスに決定した。なお両国とも5クラス以上抽出した場合，「中庸型」が「やや賛成」が多めと「やや反対」が多めのクラスに分かれるなど，内容より回答分布の傾向を反映するクラスが抽出され，そのような内容的妥当性の面でも4クラスが適切と考えた。

表 9 - 1　分析に用いた設問一覧

	国への愛着	純化主義	自国中心主義	愛国主義 （ナショナル・プライド）
質問文	次のところに，あなたはどの程度愛着がありますか	ある人を本当に日本人であるとみなすためには，次のようなことが「重要だ」という意見と「重要ではない」という意見があります。あなたはどの程度「重要だ」と思いますか	次の意見について，あなたはどう思いますか	次のようなことを，あなたはどの程度誇りに思いますか
選択肢	とても愛着がある，まあ愛着がある，あまり愛着がない，まったく愛着がない	とても重要だ，まあ重要だ，あまり重要ではない，まったく重要ではない	そう思う，どちらかといえばそう思う，どちらともいえない，どちらかといえばそう思わない，そう思わない	とても誇りに思う，まあ誇りに思う，あまり誇りに思わない，まったく誇りに思わない
項　目 （　）内が表すなどでの表記	日本（国愛着）	日本で生まれたこと（出生） 日本の国籍を持っていること（国籍） 人生の大部分を日本で暮らしていること（居住） 日本語が話せること（言語） 仏教または神道の信者であること（宗教） 日本の政治制度や法律を尊重していること（法制度遵守） 自分自身を日本人だと思っていること（自己定義）	他のどんな国の国民であるより，日本国民でいたい（他国民より） 今の日本を恥ずかしいと思うことが，いくつかある（自国恥*） 他の国の人たちが日本人のようになれば，世界はもっと良くなるだろう（世界良く） 一般的に言って，他の多くの国々より日本は良い国だ（良い国） たとえ自分の国が間違っている場合でも，国民は自分の国を支持すべきだ（間違っても支持） *は逆転項目	日本における民主主義の現状（民主主義） 世界における日本の政治的影響力（世界影響） 日本の経済的成果（経済） 日本の社会保障制度（社会保障） 科学技術の分野で日本人が成し遂げたこと（科学技術） スポーツの分野で日本人が成し遂げたこと（スポーツ） 文学芸術の分野で日本人が成し遂げたこと（文学芸術） 日本の歴史（歴史） 日本の自衛隊（軍事力） 日本社会における公平さと平等（公正さと平等）

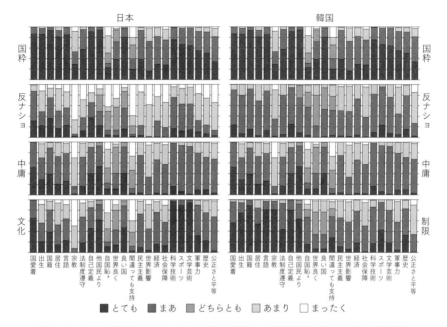

図9-1 日本と韓国のクラスとそれぞれの設問への応答確率（濃い色がより賛成側）

　残った類型については，まず日本と韓国とも中間的な選択肢への応答確率が高く，平均すると全体平均に近いような，いわば「中庸型」とも呼ぶべきクラスが抽出された。このクラスを欧米で抽出されている「信条（リベラル）型」とみなしえないのは，たとえばこのクラスに属する人の間では「出生」など本人が選択不可能な帰属的基準を「真の国民」であるために必要と考える割合が，日韓とも3分の2程度と比較的高い点などにある。

　また最後の1クラスについては日韓の間でも違いが出た。日本の残ったクラスの特徴として科学技術，スポーツ，文学芸術といった文化面へのナショナル・プライドが非常に高い。その他の項目の全体的な分布は，欧米の先行研究における「信条（リベラル）型」とも近似した分布になっている。ただし斎藤［2020］などの知見と同じくそれら類型は，（欧米のリベラル型とは異なり）特に非排外主義的ではなく，外国人の増加について（中間回答がある設問だが）「賛成」

と表明する人の割合は 4 割弱に止まり，他の類型と比較して高いわけではない（むしろ中庸型の方が 4 割以上「賛成」している）。そこでここではいわゆる欧米のリベラル型との違いを強調し，文化的ナショナル・プライドの高さを特徴とする「文化型」と名づけておく。一方韓国では民族的側面で制限的な，欧米における制限型に近いクラスが抽出された。ただし韓国の制限型は欧米の先行研究の制限型とは異なり，各種ナショナル・プライドは比較的高い。

　以上までの分析結果が示すように，ナショナリズムの類型，いわば人々の認知構造には，ある程度の国（ネーション）ごとの違いが存在すると考えられよう。

3.2　ナショナリズムの類型と社会階層

　本項では前項で析出したナショナリズムの類型と，各種社会階層や基礎属性との関連を見ていこう。そのため属性として性別と年齢・世代（15歳刻み），社会階層の指標として世帯収入，教育年数，階層帰属意識（10段階の自己評価。1が最低，10が最高）との関係をみる。[5]また職業は，上層ホワイト，下層ホワイト，自営業，上層ブルー，下層ブルー，農業，学生，主婦・主夫の 8 分類とした。

　日韓両国とも年齢が高め（特に65歳以上）であったり，学歴や世帯収入が低めであったりする人々の間で国粋型が多い。一方，若年層や比較的高学歴の人々において反ナショナリズム型が多かった。この結果から見ても「ナショナリスティックな若年層」［高原 2006］という存在は皆無ではないまでも，国内の世代間比較から見ればあくまで少数派であると言えよう。また比較的低階層である人ほど全般的に「ナショナリズム」が強い国粋型になりやすく，逆に若年層・高学歴層では少ないという全体的な傾向は，欧米諸国とほぼ共通していた。なお国粋型との比較においてどのような属性が他の類型になりやすいかを確認

5）国際比較において多用される社会階級分類である EGP 分類［Erikson and Goldthorpe 1992］を，Ishida［2001］などにならって 6 分類（専門・管理職の上層ホワイト，事務・販売職の下層ホワイト，非農林の自営業，上層ブルー（熟練ブルーカラー），下層ブルー（半・非熟練ブルーカラー），農業（自営農業・農作業者）に簡略化した。また調査時現職に限定すると65歳以上の無業者が多くなるため，「最後の仕事」の回答も含めた。

表9-2　日韓におけるナショナリズムの類型の構成比・属性ごとの比率・平均値

	日本（N＝1234）				韓国（N＝1294）			
	反ナショ	国粋	中庸	文化	反ナショ	国粋	中庸	制限
構成比	14.6%	23.1%	30.5%	31.8%	19.5%	15.3%	28.2%	37.0%
男　性	**16.9%**	21.2%	32.9%	29.0%	20.4%	**18.0%**	24.9%	36.7%
女　性	11.7%	23.8%	29.4%	**35.1%**	18.5%	12.6%	**31.6%**	37.3%
16-34歳	**22.0%**	12.7%	25.9%	**39.4%**	**29.4%**	9.5%	31.6%	29.6%
35-49歳	17.4%	12.1%	33.8%	36.7%	19.8%	8.4%	**32.7%**	39.1%
50-64歳	12.4%	15.3%	**36.2%**	36.2%	12.2%	20.8%	19.4%	**47.7%**
65歳以上	7.2%	**44.6%**	28.1%	20.1%	7.6%	**35.9%**	23.9%	32.6%
年齢（平均）	44.7	**59.7**	52.0	48.3	37.1	**54.2**	41.8	45.7
上層ホワイト	**18.9%**	11.1%	**37.8%**	32.2%	24.9%	14.4%	22.5%	38.3%
下層ホワイト	13.8%	16.5%	31.9%	**37.8%**	17.0%	10.3%	30.9%	41.8%
自　営	17.6%	27.5%	30.8%	24.2%	17.6%	**19.5%**	23.1%	40.2%
上層ブルー	18.6%	19.6%	27.5%	34.3%	19.2%	11.1%	23.2%	46.5%
下層ブルー	14.4%	**30.1%**	30.1%	25.5%	15.3%	**21.5%**	28.5%	34.7%
農　業	20.0%	30.0%	25.0%	25.0%	18.2%	**36.4%**	18.2%	27.3%
学　生	10.7%	10.7%	30.7%	**48.0%**	**33.3%**	5.2%	32.6%	28.9%
主婦・主夫	7.7%	**34.8%**	27.5%	30.0%	15.1%	12.5%	**36.8%**	35.5%
世帯収入（平均）**	543	485	569	**623**	471	343	410	457
教育年数（平均）	**13.2**	11.7	12.8	12.9	**14.1**	11.1	13.3	13.2
階層帰属（平均）	4.32	5.06	5.01	4.76	4.73	4.63	4.83	4.85

*太字は調整済残差＋2以上，下線は調整済残差−2以下のセル
**日本は年収（万円），韓国は月収（万ウォン）

した結果，若年で教育年数が高いことなどが共通要因であった（結果の詳細は章末付表）。

　以上の結果から少なくとも，高階層者ほど国粋型が少ない傾向は日韓でも生じている現象のようである。ただし米国やドイツ・フランスなどの欧米諸国の結果と比べると，それら諸国の高階層者の間で比較的多い「信条（リベラル）型」にあたるクラスは析出されていない。そのため，日韓ともに高階層者に「リベラル」と呼びうる型の担い手が多いという傾向はみられない。

　確かに日本の文化型は，欧米の信条型と規定要因の面では比較的高学歴者や世帯収入が高めの人々が抱きやすいという点で，近似した傾向にある。ただし，まさに「移民受け入れ」が日本では信条（creed）と成りえていないことを反映

してか，文化型はある種批判されにくい文化面（スポーツや科学技術，文学芸術など）への誇りの心情を前面に押し出しながらも，一定の排外主義を抱くような類型となっているのであろう。

　また日本や韓国の中庸型は，排外的傾向が強い欧米における制限型と同レベルで，出生など本人が選択できない民族・文化的条件を必要と考えている。つまり全体的に「中庸」ではあっても，欧米における制限型と同程度の民族・文化的な純化主義を抱いているのである。このクラスに属する人々は，現状では欧米の制限型と比べれば確かにそれほど強い排外主義を抱いているわけではない。この点はほとんどの欧米諸国と比較して移民の人口に占める割合が低い日韓における排外主義が，欧米の現状とは異なることが影響していると考えられる。しかしこのクラスの人々は，移民の統合に対して忌避的であることがデータからも示されており（詳細は省略），今後両国ともに移民の比率が上昇していけば，結果的に排外主義と結びついていく危険性は無視できないだろう。

◢ 4　ナショナリズムの類型と格差 ◢

　ナショナリズムと格差の関連に関する本章の分析によって，その国際的共通性と各国の特殊性の両者が見出された。まず共通性として 2 つの近似した類型が国際的に示された。1 つ目は，すべての側面のナショナリズムが強い「国粋型」で，米国ならホワイト・ナショナリズム，日本の「単一民族国家」論を内面化したような人々と考えられる。そしてその担い手が主に高齢層や比較的低学歴層に多い点も共通している。

　ではこの類型は，格差隠蔽装置としてのナショナリズムが作動した結果，格差に苦しむ人々のネーションに対する意識が活性化された結果と考えられるだろうか。この点，経済的な要因が直接影響するわけではない一方，年齢や学歴が強く一貫して影響する要因であることを考えると，ネーションへ強く一体化することが「正当化」されていた時代に形作られた認知枠組みと考える方が妥当だと思われる。日韓とも（少なくとも1990年代ぐらいまでは）単一民族であるこ

とを「成功の源泉」とみなし，また国家主導型の産業政策の下で製造業を国の中心的産業とし，誇りの対象として語ってきた（もしくは今でも語っている）。あるいはトランプ支持者が大多数を占めると考えられるホワイト・ナショナリストなども，アメリカが世界一「偉大」で，「白人」が中心の国であった時代（特に1980年代以前）を理想とみなす。そのような意味では，どこの国でも「国粋型」はグローバル化以前の，いわば今となっては一昔前の時代に主流とされた世界観の中で形成された，少々ノスタルジックな認知枠組みと考えられよう。

　また，国粋型とは対極的な「反ナショナリズム型」も全世界的に出現している。こちらについては担い手についても国粋型とは真逆で，平均年齢は低く，比較的学歴も高い人が多い点が共通している。そのため，グローバル化以後に認知枠組みを形成した世代に主に出現する類型とも考えられよう。今後もグローバル化が進んでいけば，そのような人々が増えていくことも考えられる。ただし，21世紀初頭のデータでは日韓含め，世界的に2割以下の少数派である。そのため今後このような人々が急激にシェアを伸ばし，短期間に国レベルのナショナリズムを低減させていく存在になるとまでは考えにくいであろう。

　次に国や地域による相違点や特殊性を確認していこう。まず欧米では純化主義において市民・政治的側面の条件を重視する「信条（リベラル）型」が析出され，その担い手は主に高い社会的地位を持つ人たちであった。このような人々は，実際「格差是正」を求める政治運動を起こしうる心理的レディネスを持っており，たとえばアメリカではどちらかといえば再分配を支持する民主党の支持層の類型と重なっていた。

　しかし日韓においては，若年層や高学歴層では「反ナショリズム型」が多いが，明確な「信条（リベラル）型」は析出されておらず，そのような平等化を促すようなナショナリズム類型に基づいて，反格差運動を担う層が出現しにくいとも予想される。この点，日本や韓国など「上からのナショナリズム」の構築が主流であった国々では，国民内部の「平等化」を促す信条という「認知のテンプレート」が生まれにくいためであると考えられる。

　またそこから類推すれば，欧米の「信条（リベラル）型」と担い手の属性で

近似していた日本の「文化型」の特殊性は，文化面など否定されにくい側面を
素朴に称揚しつつも，ネーションの持つ歴史的・社会的な重荷を背負わない，
いわば「あっけらかんとした」ナショナリズムであるともいえよう。日本では，
歴史的に（支配階級と言いうるエリート層などの）「上から」の構築物である公定ナ
ショナリズムは浸透した。しかし，平等化を求めて階層的に下位の社会層の
人々が支配エリート層を追い出す際のロジックとしての市民型あるいはリベラ
ル型のナショナリズムが成立した経験はない。そのため，欧米における信条型
の心情を，教育などによって培うことができないでいる。その状況が，たとえ
ば本書第 5 章でも述べられているように「国籍（ナショナリティ）」に基づく差
異を日本社会における格差の形成要因の 1 つとしているのであろう。同時に，
その「是正」の必要性を主張する人々が生まれにくい背景になっているとも考
えられよう。

　なお，欧米での排外主義の担い手にもなっている「制限型」の純化主義の形
式は，日韓の「中庸型」に近い形である。そのため移民受け入れの状況次第で
は，それらクラスの人々が日韓の排外主義者増加の供給源にもなりうると予想
される。その点では，日韓も世界的に問題視されている排外主義の伸張に対し
て，ナショナリズム類型から見て特に免疫があるわけではないと考えられる。

　以上のように格差とナショナリズムの関連は，欧米と日韓の間で一定の差異
があった。そのため仮にこれ以上格差が広がっていったとき，日本と韓国の格
差とナショナリズムの関係は，さらに欧米のそれとは異なる分化をしていくと
も考えられる。ナショナリズムと格差の関係を正確に把握し，理解するために
は今後ともその関連構造の検討を続ける必要があろう。本章がそのような研究
の第一歩となることを期待し，ここに筆を置きたい。

付表　多項ロジスティック回帰分析の結果（対比カテゴリー：国粋型）

	日本（N=879）						韓国（N=1162）					
	反ナショ型		中庸型		文化型		反ナショ型		中庸型		制限型	
	B	S.E.	B	S.E.	B	S.E.	B	S.E.	B	S.E.	B	S.E.
切　片	1.042	0.997	0.472	0.805	0.825	0.818	0.769	0.875	0.413	0.811	0.021	0.728
年　齢	−0.053	0.009	−0.024	0.007	−0.031	0.007	−0.057	0.010	−0.038	0.009	−0.017	0.008
教育年数	**0.155**	0.059	*0.089*	0.046	**0.121**	0.048	**0.172**	0.042	**0.165**	0.037	**0.111**	0.032
世帯収入	0.014	0.036	−0.008	0.028	*0.049*	0.028	**0.111**	0.050	0.008	0.048	**0.115**	0.043
階層帰属	−0.232	0.080	−0.020	0.062	−0.128	0.064	−0.188	0.074	−0.014	0.067	−0.056	0.060
対比：主婦主夫												
上層ホワイト	0.642	0.495	*0.660*	0.387	0.416	0.394	0.471	0.438	−0.014	0.402	0.382	0.379
下層ホワイト	0.196	0.423	0.413	0.306	0.244	0.309	0.282	0.434	0.189	0.386	*0.656*	0.366
自　営	0.683	0.554	0.602	0.409	0.399	0.426	*0.703*	0.412	0.135	0.370	0.553	0.343
上層ブルー	0.493	0.525	0.181	0.419	0.224	0.418	**1.171**	0.549	0.508	0.528	**1.373**	0.475
下層ブルー	−0.092	0.487	−0.091	0.357	−0.433	0.376	0.292	0.484	0.452	0.413	*0.673*	0.383
農　業	1.041	0.824	0.338	0.718	0.382	0.722	1.270	1.048	0.446	0.990	0.275	0.859
学　生	−1.595	0.739	−0.669	0.585	−0.430	0.554	0.576	0.584	0.243	0.558	0.692	0.545
男　性	0.231	0.296	−0.013	0.239	−0.230	0.243	*−0.435*	0.250	−0.697	0.239	**−0.559**	0.218
Cox と Snell	0.153						0.175					
Nagelkerke	0.164						0.188					
McFadden	0.061						0.073					

おわりに

　本書ではここまでの全9章の論考によって，格差に関わる各種の社会的な属性の実態，あるいはその捉え方自体を論じるとともに，そのような様々な格差が人々の行動や意識へ及ぼす影響について，実証研究およびそのレビューを通じて論じてきた。

　まず第1章の東アジア諸国における比較分析の結果が示すように，確かに経済発展の時期や社会的・歴史的文脈の違いによって，両親の教育がもつ子どもの教育や職業との関連性には，一定の差異が存在する。とはいえ続く各章で展開された分析結果が示すように，格差が生み出され，維持されるメカニズムは相互に絡み合い，簡単に「解消」されるものではない。

　たとえば「格差」の結果であり，同時に源泉とも見なされる職業について，本書では第2章において序列構造の実態のみならず，序列の捉え方自体を再考した。特に関係の分断（凝離）をベースとして測定する「関係的アプローチ」という見方は，社会関係を構成していく人々の営み自体が，社会的な序列構造を生み出す可能性を示している。「弱い紐帯の強み」を再考した第6章が論じるような，弱い紐帯の適切な包摂機能が果たされなければ，社会的資源に恵まれた者同士がつながり合って序列の上位を占めていく一方で，資源を持たない人々が低位にとどめ置かれていく傾向を強めかねない。

　また第3章と第4章では，当人の努力や業績だけでは選択不可能で基本的に出生時に決定される属性であるジェンダーや国籍（ナショナリティ）が，一定の格差を生み出すことが示されていた。第8章の付表で示される投票参加におけるジェンダー差，第9章で示された「国籍」による格差を否定する言説が生まれにくい日本社会のナショナリズムの状況などを考えると，ジェンダーや国籍に起因する格差が，一朝一夕に解消されるとの望みを抱くことは難しい。

166

　さらに第5章では，本人では選択不可能な「定位家族」の状況が，様々な教育機会に影響を及ぼすことが確認された。また第7章では，都市部を中心とした階層的地位が比較的高い母親において，社会的ネットワーク（育児サポートネットワーク）が豊かなことが示されている。分析結果が示すように，日本での教育や育児は，個々の家庭とその家庭を取り巻く私的な社会的ネットワークに強く依存している。そのため，育児などを含む家族関係への政府からの公的な支出が諸外国に比べて少ないという現状が変わらなければ，育児・教育に関する社会的格差は，より拡大していくと予想せざるを得ない。

　序章でも簡単に述べたが，2020年にはじまったコロナ禍によって，残念ながら本書で論じたような各種の格差は拡大傾向にあると考えられる。その拡大を押しとどめ，可能であれば解消を目指すならば，ただ格差を「問題」と告発するだけでは不十分であろう。解決の糸口をつかむためにも，問題を正確に理解し，その発生の要因やもたらす影響を明らかにするような研究が必要である。多様な側面から「格差」の発生要因とともに，様々な社会現象への「格差」の影響力を解明した本書は，まさに現代社会の学術研究上の必要に応えた一冊であると自負している。

＊

　本書は，東京都立大学の中尾啓子先生の（卒業生を含む）院生たちによる論文集を作ってみてはどうか，という話から始まった。本書の執筆者たちは，種々様々な対象を専門領域としており，主たる研究領域が社会階層ではない者も少なくない。とはいえ，社会階層と社会的ネットワークを専門とする研究室の（元）院生たち，社会階層研究についての完全な「門外漢」も勿論いない。そこで，「社会階層」や社会的な「格差」について，あえて社会階層を主たる研究領域とはしない研究者の視点を含めて一冊にまとめれば，観点や対象の広がりから，社会階層の中心的テーマのみを扱うよりも，むしろ興味深い論考になるのではないか，との考えから本企画は進められた。そこで各執筆者には，できるだけ多様なデータを用いた上で，各人の得意分野と絡めた対象における

「格差」の諸相を明らかにする趣旨の本であることを伝え，原稿の執筆を依頼した。その成果が本書である。

　このような経緯の書籍について晃洋書房の吉永恵利加氏には，快く出版をお引き受けいただき，また丁寧な編集作業を行ってくださった。この場を借り，謝意をお伝えしたい。

　その上で最後に，院生時代（一部執筆者・編者は学部学生時代）から，学業・研究に限らず私事などにおいても，まさに「種々様々」なことでお世話になり続けた中尾啓子先生に対して，ここに改めて，これまでのすべてのご指導・ご助言・ご配慮に感謝を申し上げたい。本当にありがとうございました！

　　2021年12月 1 日

　　　　　　　　　　　　　　執筆者一同を代表して編者より

参 考 文 献

Acker, Joan [1973] "Women and Social Stratification: A Case of Intellectual Sexism," *American Journal of Sociology* 78: 936-45.

赤地麻由子 [1999]「階層のなかの女性――地位達成過程をめぐる議論を中心に」『現代社会理論研究』9:229-240。

アンダーソン，ベネディクト [(1997) 2007]『定本・想像の共同体――ナショナリズムの起源と流行』白石隆・白石さや訳，書籍工房早川。

Anderson, Elijah [2011] *The Cosmopolitan Canopy: Race and Civility in Everyday Life,* Norton.

荒牧草平 [2010]「教育の階級差生成メカニズムに関する研究の検討――相対的リスク回避仮説に注目して」『群馬大学教育学部紀要　人文・社会科学編』59:167-180。

――――― [2011]「高校生の教育期待形成における文化資本と親の期待の効果――「文化資本」概念解体の提案」『九州大学大学院教育学研究紀要』14:97-110。

荒牧草平・平沢和司 [2016]「教育達成に対する家族構造の効果――「世代間伝達」と「世代内分配」に着目して」稲葉昭英・保田時男・田渕六郎・田中重人編『日本の家族1999-2009――全国家族調査 [NFRJ] による計量社会学』東京大学出版会：93-112。

Banting, Keith and Will Kymlicka [2013] "Is There Really a Retreat From Multiculturalism Policies? New Evidence From the Multiculturalism Policy Index," *Comparative European Politics* 5: 577-598.

バラバシ，アルバート-ラズロ [2002]『新ネットワーク思考――世界のしくみを読み解く』青木薫訳，NHK出版。

バウマン，ジグムント [2001]『リキッド・モダニティ――液状化する社会』森田典正訳，大月書店。

ベック，ウルリッヒ [1998]『危険社会――新しい近代への道』東廉・伊藤美登里訳，法政大学出版局。

ベック，ウルリッヒ／アンソニー・キデンズ／スコット・ラッシュ [1997]『再帰的近代化――近現代における政治，伝統，美的原理』松尾精文・小幡正敏・叶堂隆三訳，而立書房。

Becker, Gary [1981] *A Treatise on the Family,* Harvard University Press.

Beller, Emily [2009] "Bringing Intergenerational Social Mobility Research into the Twenty-first Century: Why Mothers Matter," *American Sociological Review* 74: 507-528.

Bian, Yanjie [1997] "Bringing Strong Ties Back in: Indirect Ties, Network Bridges and Job Search in China" *American Sociological Review* 62: 366-385.

Blake, Judith [1981] "Family Size and the Quality of Children," *Demography* 18: 421-42.

Blau, Peter [1974] "Parameters of Social Structure," *American Journal of Sociology* 39: 615-635.

Blau, Peter M. and Otis D. Duncan [1967] *The American Occupational Structure,* Wiley.

Blau, Peter M. and Otis Dudley Duncan, with the collaboration of Andrea Tyree [1967=2014] "The Process of Stratification," David B. Grusky and Katherine R. Weisshaar (eds.), *Social Stratification: Class, Race, and Gender in Sociological Perspective, 4th ed.,* Westview Press, 506-517.

Blossfeld, Hans-Peter and Sonja Drobnic [2001] *Careers of Couples in Contemporary Societies,* Oxford University Press.

Bonikowski, Bart [2013] "Varieties of Popular Nationalism in Modern Democracies: An Inductive Approach to Comparative Research on Political Culture," Working Paper, Weatherhead Center for International Affairs, Harvard University.

Bonikowski, Bart [2017] "Nationhood as Cultural Repertoire: Collective Identities and Political Attitudes in France and Germany," Michael Skey and Marco Antonsich (eds.), *Everyday Nationhood: Theorizing Culture, Identity and Belonging after Banal Nationalism,* Palgrave MacMillan, 147-174.

Bonikowski, Bart and Paul DiMaggio [2016] "Varieties of American Popular Nationalism," *American Sociological Review* 81(5): 949-980.

ブードン, レイモン [1983]『機会の不平等——産業社会における教育と社会移動』杉本一郎・山本剛郎・草壁八郎訳, 新曜社。

ブルデュー, ピエール [1990]『ディスタンクシオン I・II』石井洋二郎訳, 藤原書店。

Brady, Henry E., Sidney Verba and Kay Lehman Schlozman [1995] "Beyond SES: A Resource Model of Political Participation," *American Political Science Review* 89(2): 271-294.

Breen, Richard and John H. Goldthorpe [1997] "Explaining Educational Differentials: Towards a Formal Rational Action Theory," *Rationality and Society* 9(3): 275-305.

Brubaker, Roger [2004] *Ethnicity without Groups,* Harvard University Press.

ブライソン, ヴァレリー [2004]『争点・フェミニズム』江原由美子監訳, 勁草書房。

Chan, T. Wing and John H. Goldthorpe [2004] "Is There a Status Order in Contemporary British Society? Evidence from the Occupational Structure of Friendship," *European Sociological Review* 20(5): 383-401.

————— [2007] "Class and Status: The Conceptual Distinction and its Empirical Relevance," *American Sociological Review* 72(4): 512-532.

Cheadle, Jacob E. and Paul R. Amato [2011] "A Quantitative Assessment of Lareau's Qualitative Conclusions about Class, Race, and Parenting," *Journal of Family Issues* 32(5): 679-706.

Chen, Rou-Lan [2020] "Trends in Economic Inequality and Its Impact on Chinese

Nationalism," *Journal of Contemporary China* 29(121)：75-91.

コールマン，ジェームズ［2006］「人的資本の形成における社会関係資本」金光淳訳，野沢慎司編・監訳『リーディングスネットワーク論——家族・コミュニティ・社会関係資本』勁草書房：205-241。

コリンズ，パトリシア／スルマ・ビルゲ［2021］『インターセクショナリティ』小原理乃訳，下地ローレンス吉孝監訳，人文書院。

大日義晴・菅野剛［2016］「ネットワークの構造とその変化——「家族的関係」への依存の高まりとその意味」稲葉昭英・保田時男・田渕六郎・田中重人編『日本の家族1999-2009——全国家族調査［NFRJ］による計量社会学』東京大学出版会：69-90。

Davis, Kingsley and Wilbert E. Moore［1945］"Some Principles of Stratification," *American Sociological Review* 10：242-49.

土井隆義［2004］『「個性」を煽られる子どもたち——親密圏の変容を考える』岩波ブックレット No. 633。

―――［2008］『友だち地獄——「空気を読む」世代のサバイバル』ちくま新書。

―――［2009］『キャラ化する／される子どもたち——排除型社会における新たな人間像』岩波ブックレット No. 759。

ドーア，ロナルド P.［2008］『学歴社会　新しい文明病』松居弘道訳，岩波書店。

Duncan, Otis D., David L. Featherman and Beverly Duncan［1972］*Socioeconomic Background and Achievement,* Seminar Press.

England, Paula［1992］*Comparable Worth : Theories and Evidence,* Routledge.

Erikson, Robert［1984］"Social Class of Men, Women, and Families," *Sociology* 18：500-514.

Erikson, Robert and John H. Goldthorpe［1992］*The Constant Flux : A Study Of Class Mobility in Industrial Societies,* Oxford：Clarendon Press.

Evans, Geoffrey and James Tilly［2017］*The New Politics of Class : The Political Exclusion of the British Working Class,* Oxford University Press.

藤原翔［2011］「Breen and Goldthorpe の相対的リスク回避仮説の検証——父親の子どもに対する職業・教育期待を用いた計量分析」『社会学評論』62(1)：18-35。

―――［2012a］「高校選択における相対的リスク回避仮説と学歴下降回避仮説の検証」『教育社会学研究』91：29-49。

―――［2012b］「きょうだい構成と地位達成——きょうだいデータに対するマルチレベル分析による検討」『ソシオロジ』57(1)：41-57。

―――［2016］「中学生と母親パネル調査の設計と標本特性」『東京大学社会科学研究所パネル調査プロジェクトディスカッションペーパーシリーズ』95。

―――［2018］「職業的地位の世代間相関」吉田崇編『2015年 SSM 調査報告書 3　社会移動・健康』2015年 SSM 調査研究会：1-40。

藤原翔・伊藤理史・谷岡謙［2012］「潜在クラス分析を用いた計量社会学的アプローチ——地位の非一貫性，格差意識，権威主義的伝統主義を例に」『年報人間科学』33：43-68。

Fujihara, Sho [2020] "Socio-Economic Standing and Social Status in Contemporary Japan: Scale Constructions and Their Applications," *European Sociological Review* 36(4): 548-561.

フクヤマ，フランシス [2019]『IDENTITY——尊厳の欲求と憤りの政治』山田文訳，朝日新聞出版。

ゲルナー，アーネスト [2000]『民族とナショナリズム』加藤節訳，岩波書店。

Ganzeboom, Harry B. G., Paul M. De Graaf and Donald J. Treiman [1992] "A Standard International Socio-Economic Index of Occupational Status," *Social Science Research* 21: 1-56.

元治恵子 [2018]「女性の職業キャリアとライフスタイル」阪口祐介編『2015年SSM調査報告書6 労働市場I』2015年SSM調査研究会：165-181。

元治恵子編 [2018]『雇用多様化社会における社会的地位の測定』科学研究費補助金基盤研究 (B)（一般）研究成果報告書。

元治恵子・都築一治 [1998]「職業評定の比較分析——威信スコアの性差と調査時点間の差異」都築一治編『1995年SSM調査シリーズ5 職業の評価の構造と職業威信スコア』1995年SSM調査研究会：45-68。

ギデンズ，アンソニー [1995]『親密性の変容——近代社会におけるセクシュアリティ，愛情，エロティシズム』松尾精文・松川昭子訳，而立書房。

————— [2005]『モダニティと自己アイデンティティ——後期近代における自己と社会』秋吉美都・安藤太郎・筒井淳也訳，ハーベスト社。

Goldthorpe, John H. [1983] "Women and Class Analysis: In Defense of the Conventional View," *Sociology* 17(4): 465-488.

Goodman, Sara Wallace [2010] "Integration Requirements for Integration's Sake? Identifying, Categorising and Comparing Civic Integration Policies," *Journal of Ethnic and Migration Studies* 36(5): 753-772.

グラノヴェッター，マーク [1998]『転職』渡辺深訳，ミネルヴァ書房。

————— [2006]「弱い紐帯の強さ」『リーディングスネットワーク論——家族・コミュニティ・社会関係資本』大岡栄美訳，野沢慎司編・監訳，勁草書房，123-154。

Grusky, David [2005] "Foundations of a neo-Durkheimian class analysis," Wright, Erik Olin. (ed.), *Approaches to Class Analysis,* Cambridge University Press: 51-81.

Grusky, David B. and Stephen E. Van Rompaey [1992] "The Vertical Scaling of Occupations: Some Cautionary Comments and Reflections," *American Journal of Sociology* 97(6): 1712-1728.

Guinea-Martin, Daniel, Ricardo Mora and Javier Ruiz-Castillo [2018] "The Evolution of Gender Segregation over the Life Course," *American Sociological Review* 83(5): 983-1019.

ハージ，ガッサン [2008]『希望の分配メカニズム——パラノイア・ナショナリズム批判』塩原良和訳，御茶の水書房。

Han, Kyung Joon［2013］"Income Inequality, International Migration, and National Pride : A Test of Social Identification Theory," *International Journal of Public Opinion Research* 25(4) : 502-521.

原純輔［1981］「階層構造論」安田三郎・塩原勉・富永健一・吉田民人編『基礎社会学 第4巻 社会構造』東洋経済新報社，34-54。

─────［1988］「階層意識研究の課題と方法」『1985年社会階層と社会移動全国調査報告書 第2巻 階層意識の動態』1985年社会階層と社会移動全国調査委員会 : 1-18。

原純輔・肥和野佳子［1990］「性別役割意識と主婦の地位評価」岡本英雄・直井道子編『現代日本の階層構造4 女性と社会階層』東京大学出版会 : 165-186。

原純輔・盛山和夫［1999］『社会階層──豊かさの中の不平等』東京大学出版会。

原田謙［2012］「社会階層とパーソナル・ネットワーク──学歴・職業・所得による格差と性差」『医療と社会』22(1) : 57-68。

針原素子［2018］「サポート・ネットワークの変化」石黒格編著『変わりゆく日本人のネットワーク──ICT 普及期における社会関係の変化』勁草書房 : 163-186。

橋本健二［2002］「女性と階級構造──所属階級と配偶関係からみた女性の経済的・社会的格差」社会政策学会編『経済格差と社会変動』法律文化社 : 47-63。

─────［2008］「『格差社会論』から『階級──社会階層研究』へ」『社会学評論』59(1) : 94-113。

─────［2018］『アンダークラス──新たな下層階級の出現』ちくま新書。

─────［2020］「東京圏の階級間格差」橋本健二・浅川達人編『格差社会と都市空間──東京圏の社会地図1990-2010』鹿島出版会 : 141-154。

橋本摂子［2003］「〈社会的地位〉のポリティクス──階層研究における"gender inequality"の射程」『社会学評論』54(1) : 49-63。

秦正樹［2015］「若年層の政治関心と投票参加──日本型政治的社会化の構造と機能に着目して」『神戸法學雜誌』65(2) : 263-285。

林知己夫［1982］「政党支持できまる政治体勢」林知己夫編『日本人の政治感覚』出光出版 : 3-28。

林拓也［2019］『職業間距離の計量社会学──人々の意識からみる職業の多次元構造』ナカニシヤ出版。

林拓也・星敦士・山本圭三・田靡裕祐［2019］「生活スタイルと社会意識に関するアンケート調査結果報告（速報）」奈良女子大学学術情報リポジトリ http://hdl.handle.net/10935/5217（最終閲覧 2021年3月3日）。

Heath, Anthony and Nicky Britten［1984］"Women's Jobs Do Make a Difference : A Reply to Goldthorpe," *Sociology* 18(4) : 475-490.

Heath, Anthony, Catherine Rothon and Elina Kilpi-Jakonen［2008］"The Second Generation in Western Europe : Education, Unemployment, and Occupational Attainment," *Annual Review of Sociology* 34 : 211-235.

Heath, Oliver［2018］"Policy Alienation, Social Alienation and Working-class Abstention in Britain, 1964-2010," *British Journal of Political Science* 48(4)：1053-1073.

樋口直人［2016］「労働」髙畑幸編『移民政策とは何か──日本の現実から考える』人文書院：129-144。

平松闊［1990］「ウィーク・タイの強さのパラドックス」平松闊編著『社会ネットワーク』福村出版：14-32。

平沢和司［2011］「きょうだい構成が教育達成に与える影響について──NFRJ08 本人データときょうだいデータを用いて」『第3回家族についての全国調査（NFRJ08）第2次報告書4』日本家族社会学会全国家族調査委員会：21-42。

平沢和司・片瀬一男［2008］「きょうだい構成と教育達成」米澤彰純編『2005年 SSM 調査報告書5　教育達成の構造』2015年 SSM 調査研究会：1-17。

平田周一［2011］「女性のライフコースと就業──M 字型カーブの行方」石田浩・近藤博之・中尾啓子編『現代の階層社会2　階層と移動の構造』東京大学出版会：223-237。

本田由紀［2008］『「家庭教育」の隘路──子育てに強迫される母親たち』勁草書房。

星敦士［2011］「育児期のサポートネットワークに対する階層的地位の影響」『人口問題研究』67(1)：38-58。

───［2017］「子どもの進学と母親の地域とのつながり」『都市社会研究』9：113-127。

───［2019］「育児期におけるサポート・ネットワークの構造とその変化──全国家庭動向調査（第2回〜第5回調査）からみた相談相手の選択とその規定要因」『甲南大學紀要　文学編』169：47-61。

細川千紘［2018］「国内時系列比較，国際比較における職業分類」『学歴社会のゆくえ』（2015年度〜2017年度科学研究費補助金基盤研究研究成果報告書，研究代表者＝中尾啓子）：58-88。

Hout, Michael and Thomas A. DiPrete［2006］"What We Have Learned：RC28's Contributions to Knowledge about Social Stratification," *Research in Social Stratification and Mobility* 24：1-20.

茨木瞬・河村和徳［2016］「なぜ自治体は投票所を減らすのか──投票所統廃合に関する計量分析」『横浜市立大学論叢社会科学系列』67(2)：173-195。

井手英策・松沢裕作編［2016］『分断社会・日本──なぜ私たちは引き裂かれるのか』岩波書店。

井出知之［2011］「社会階層論における政治意識」『選挙研究』27(1)：72-84。

ILO［2009］『世界給与・賃金レポート──最低賃金の国際比較　組合等の団体交渉などの効果，経済に与える影響など』田村勝省訳，一灯舎。

今田幸子［1990］「地位達成過程──閉ざされた階層空間」岡本英雄・直井道子編『現代日本の階層構造4　女性と社会階層』東京大学出版会：39-62。

今田高俊・原純輔［1977］「現代日本の階層構造──地位の一貫性と非一貫性」『現代社会学』4(2)：59-114。

今井貴子［2019］「労働者階級の政治的疎外──階級的無投票と国民投票」『生活経済政策』267：32-33。

稲葉昭英［2011］「ひとり親家庭における子どもの教育達成」佐藤嘉倫・尾嶋史章編『現代の階層社会1 格差と多様性』東京大学出版会：239-252。

──────［2016］「離婚と子ども」稲葉昭英・保田時男・田淵六郎・田中重人編『日本の家族1999-2009──全国家族調査［NFRJ］による計量社会学』東京大学出版会：129-144。

稲葉陽二［2014］「日本の社会関係資本は毀損したか。──2013年全国調査と2003年全国調査からみた社会関係資本の変化」『政経研究』51(1)：1-30。

Ishida, Hiroshi［2001］"Industrialization. Class Structure and Social Mobility in Postwar Japan," *British Journal of Sociology* 52：579-604.

石田光規［2009］「転職におけるネットワークの効果──地位達成とセーフティネット」『社会学評論』60(2)：279-296。

──────［2018a］「ネットワークと階層性」『日本労働研究雑誌』60(1)：55-63。

──────［2018b］『孤立不安社会──つながりの格差，承認の追求，ぼっちの恐怖』勁草書房。

──────［2021］「子育て期にある母親の居場所としてのNPOの可能性」『早稲田大学文学研究科紀要』66：115-130。

石田光規・小林盾［2011］「就職におけるネットワークの役割──戦略的資源かサポート資源か」石田浩・近藤博之・中尾啓子編『現代の階層社会2 階層と移動の構造』東京大学出版会：239-252。

石川良子［2006］「ひきこもる若者たちの自己防衛戦略」石田考・羽渕一代・菊池裕生・苫米地伸編『若者たちのコミュニケーション・サバイバル──親密さのゆくえ』恒星社厚生閣：53-67。

ISSP Research Group［2015］International Social Survey Programme：National Identity III‐ISSP 2013 GESIS Data Archive, Cologne. ZA5950 Data file Version 2.0.0, https://doi.org/10.4232/1.12312

伊藤理史［2010］「1985年と2004年の2時点比較における政党支持態度の規定構造分析」『年報人間科学』31：155-173。

──────［2018a］「政党支持意識の規定要因と時点間比較──男性有権者の階級・権威主義的態度と自民党支持の関連再考」小林大祐編『2015年SSM調査報告書9 意識II』119-132。

──────［2018b］「失業と政治参加の平等性──投票参加頻度のマルチレベル順序ロジスティック回帰分析」『社会学研究』101：61-83。

岩間暁子［2008］『女性の就業と家族のゆくえ──格差社会のなかの変容』東京大学出版会。

岩永雅也［1990］「アスピレーションとその実現──母が娘に伝えるもの」岡本英雄・直井道子編『現代日本の階層構造4 女性と社会階層』東京大学出版会：91-118。

神野直彦・宮本太郎編［2006］『脱「格差社会」への戦略』岩波書店。

蒲島郁夫［1988］『政治参加』東京大学出版会。

蒲島郁夫・境家史郎［2020］『政治参加論』東京大学出版会。

香川めい［2011］「日本型就職システムの変容と初期キャリア──「包摂」から「選抜」

　　　へ？」石田浩・近藤博之・中尾啓子編『現代の階層社会2　階層と移動の構造』東京大学出版会：189-203。

梶田孝道［1988］『エスニシティと社会変動』有信堂高文社。

梶田孝道・丹野清人・樋口直人［2005］『顔の見えない定住化──日系ブラジル人と国家・市場・移民ネットワーク』名古屋大学出版会。

鹿又伸夫［1991］「弱い紐帯の強さ──社会関係のネットワーク」小林淳一・木村邦博編著『考える社会学』ミネルヴァ書房：100-114。

片岡栄美［2001］「教育達成過程における家族の教育戦略──文化資本効果と学校外教育投資効果のジェンダー差を中心に」『教育学研究』68(3)：259-273。

──────［2009］「格差社会と小・中学受験──受験を通じた社会的閉鎖，リスク回避，異質な他者への寛容性」『家族社会学研究』21(1)：30-44。

吉川徹［2006］『学歴と格差・不平等──成熟する日本型学歴社会』東京大学出版会。

──────［2007］「格差・階層・意識論」吉川徹編著『階層化する社会意識──職業とパーソナリティの計量社会学』勁草書房：1-19。

金明秀・稲月正［2000］「在日韓国人の社会移動」高坂健次編『日本の階層システム6　階層社会から新しい市民社会へ』東京大学出版会：181-198。

Kohn, Hans［1944］1994. "The idea of nationalism," Hunchinson, John and Anthony D. Smith (eds.), *Nationalism,* Oxford University Press：162-5.

小松恭子［2019］「職種と雇用形態が出産・育児期女性の初職継続に与える影響──改正均等法前後の世代間比較分析」『労働研究雑誌』703：77-91。

近藤博之［1996］「地位達成と家族──キョウダイの教育達成を中心に」『家族社会学研究』8：19-31。

──────［2006］「移動表による職業的地位尺度の構成──オーディネーション技法の応用」『理論と方法』21(2)：313-332。

是川夕［2019］『移民受け入れと社会的統合のリアリティ──現代日本における移民の階層的地位と社会学的課題』勁草書房。

厚生労働省［2017］『平成28年度　全国ひとり親世帯等調査結果報告』https://www.mhlw.go.jp/file/06-Seisakujouhou-11920000-Kodomokateikyoku/0000190327.pdf（最終閲覧 2021年7月14日）。

──────［2020］『2019年国民生活基礎調査の概況』https://www.mhlw.go.jp/toukei/saikin/hw/k-tyosa/k-tyosa19/dl/14.pdf（最終閲覧 2021年7月10日）。

──────［2021］『令和2年賃金構造基本統計調査』https://www.mhlw.go.jp/toukei/itiran/roudou/chingin/kouzou/z2020/index.html（最終閲覧 2021年6月20日）。

久保田滋［1997］「政党支持，投票行動とパーソナルネットワーク──都市度別の分析を中心として」『総合都市研究』64：49-59。

栗原彬［1989］『やさしさの存在証明──若者と制度のインターフェイス』新曜社。

Lambert, Paul S.［2018］*CAMSIS: Social Interaction and Stratification Scales,* http://www.camsis.stir.ac.uk/index.html（最終閲覧 2020年11月3日）

Lambert, Paul S. and Dave Griffiths [2018] *Social Inequalities and Occupational Stratification: Methods and Concepts in the Analysis of Social Distance,* Palgrave.

Lambert, Paul S., Roxanne Connelly, Robert M. Blackburn and Vernon Gayle (eds.) [2012] *Social Stratification: Trends and Processes,* Ashgate.

Lareau, Annette [2002] "Invisible Inequality: Social Class and Childrearing in Black Families and White Families," *American Sociological Review* 67(5): 747-76.

Laumann, Edward O. [1966] *Prestige and Association in an Urban Community: An Analysis of an Urban Stratification System,* The Bobbd-Merrill Company.

Lijphart, Arend [1997] "Unequal Participation: Democracy's Unresolved Dilemma," *The American Political Science Review* 91(1): 1-14.

Lin, Nan and Mary Dumin [1986] "Access to Occupations through Social Ties," *Social Networks* 8: 365-385.

Lin, Nan, Walter Ensel, and John Vaughn [1981] "Social Resources and Strength of Ties: Structural Factors in Occupational Status Attainment," *American Sociological Review* 46: 393-405.

Lin, Nan, Yang-chih Fu and Ray-May Hsung [2001] "The Position Generator: Measurement Techniques for Investigations of Social Capital," Lin, Nan, Karen Cook and Ronald S. Burt (eds.), *Social capital: Theory and research,* Aldine de Gruyter: 57-81.

リプセット, シモア・マーティン [1963]『政治のなかの人間——ポリティカル・マン』内山秀夫訳, 東京創元新社。

Lipset, Seymour M., and Stein Rokkan [1967] "Cleavage Structures, Party Systems, and Voter Alignments: A Introduction," Lipset, Seymour Martin, and Rokkan, Stein (eds.), *Party Systems and Voter Alignments: A Cross-National Perspective,* Free Press: 1-67.

Liu-Farrer, Gracia [2011] *Labour Migration from China to Japan: International Students, Transnational Migrants,* Routledge.

Ljiphart, Arend [1997] "Unequal Participation: Democracy's Unresolved Dilemma," *American Political Science Review* 91(1): 1-14.

真鍋倫子 [1998]「性別役割分離の趨勢——1985年・1995年 SSM 調査を通じて」盛山和夫・原純輔編 [2006]『現代日本社会階層調査研究資料集 1995年 SSM 調査報告書 4 ジェンダー・市場・家族における階層』日本図書センター：241-256。

Marsden, Peter and Karen Campbell [1984] "Measuring Tie Strength," *Social Forces* 63(2): 482-501.

丸山美貴子 [2013]「育児ネットワーク研究の展開と論点」『社会教育研究』31：11-21。

Matsubayashi, Tetshya [2014] "The Implications of Nonvoting in Japan," 『年報政治学』65(1)：175-199.

松田茂樹 [2008]『何が育児を支えるのか——中庸なネットワークの強さ』勁草書房。

松永真由美・岩本澄子［2008］「現代青年の友人関係に関する研究」『久留米大学心理学研究』7：77-86。

松岡亮二・中室牧子・乾友彦［2014］「縦断データを用いた文化資本相続過程の実証的検討」『教育社会学研究』95：89-108。

Matsuoka Ryoji, Nakamuro Makiko, and Inui Tomohiko［2015］"Emerging inequality in effort: A longitudinal investigation of parental involvement and early elementary school-aged children's learning time in Japan," *Social Science Research* 54: 159-176.

McLanahan, Sara［1985］"Family structure and the reproduction of poverty," *American Journal of Sociology* 90(4): 873-901.

Meraviglia, Cinzia, Harry B. G. Ganzeboom and Deborah De Luca［2016］"A New International Measure of Social Stratification," *Contemporary Social Science* 11(2)-(3): 125-153.

ミラー，ディヴィッド［2007］『ナショナリティについて』富沢克・長谷川一年・施光恒・竹島博之訳，風行社。

三谷はるよ［2020］「育児期の孤独感を軽減するサポート・ネットワークとは」『家族社会学研究』32(1)：7-19。

三輪哲［2011］「世代間移動における出身階層測定の再検討——対数乗法連関モデルによる2005 SSM 調査データの分析」『社会学評論』62(3)：266-283。

三宅一郎［1985］『政党支持の分析』創文社。

文部科学省［2020］『学校基本調査』https://www.mext.go.jp/b_menu/toukei/chousa01/kihon/1267995.htm（最終閲覧 2021年4月26日）。

ミュルダール，グンナー［1970］『福祉国家を越えて』北川一雄監訳，ダイヤモンド社。

長松奈美江［2018］「脱工業化の時代における雇用構造——サービス労働者の「仕事の質」に注目して」阪口祐介編『2015年 SSM 調査報告書6　労働市場 I』2015年 SSM 調査研究会：217-238。

長松奈美江・阪口祐介・太郎丸博［2009］「仕事の複雑性スコアの構成——職務内容を反映した職業指標の提案」『理論と方法』24(1)：77-93。

永瀬伸子［2019］「正社員女性が第2子を出産する条件——時短と男性の育児参画が効果」『週刊エコノミスト』2019年1月1・8日合併号，毎日新聞出版：78-79。

永吉希久子［2020］『移民と日本社会——データで読み解く実態と将来像』中央公論新社。

———［2021］「「雇用」移民の階層的地位——人的資本・社会関係資本の蓄積の影響」永吉希久子編『日本の移民統合——全国調査から見る現況と障壁』明石書店：63-87。

永吉希久子編［2021］『日本の移民統合——全国調査から見る現況と障壁』明石書店。

中井美樹［2011］「ライフイベントとジェンダー格差——性別役割分業型ライフコースの貧困リスク」佐藤嘉倫・尾嶋史章編『現代の階層社会1　格差と多様性』東京大学出版会：143-159。

中井遼［2021］『欧州の排外主義とナショナリズム——調査から見る世論の本質』新泉社。

中村高康［2018］「相対的学歴指標と教育機会の趨勢分析──2015年 SSM 調査データを用いて」『理論と方法』33(2)：247-260。

中尾啓子［2002］「階層帰属意識と生活意識」『理論と方法』17(2)：135-149。

──────［2018］「研究の概要と目的」『学歴社会のゆくえ』(2015年度〜2017年度科学研究費補助金基盤研究研究成果報告書，研究代表者＝中尾啓子)：1-4。

中尾啓子編［2003］『現代日本における社会的地位の測定』(科学研究費補助金　基盤研究(B)(2)　研究成果報告書)。

Nakao, Keiko［2008］"Evaluation of Occupational Prestige Hierarchy in Korea and Japan: A New Approach to Measuring Consensus and Inter-group Variations," 前田忠彦編『社会調査における測定と分析をめぐる諸問題』2005年 SSM 調査研究会：113-131.

Nakao, Keiko and Judith Treas［1994］"Updating Occupational Prestige and Socioeconomic Scores: How the New Measures Measure up," *Sociological Methodology* 24：1-72.

直井優［1979］「職業的地位尺度の構成」富永健一編『日本の階層構造』東京大学出版会：434-472。

直井道子［1990］「階層意識──女性の地位借用モデルは有効か」岡本英雄・直井道子編『現代日本の階層構造4　女性と社会階層』東京大学出版会：147-164。

直井道子・徳安彰［1990］「政党支持意識──1985年まで自民党支持率はなぜ減らなかったか」原純輔編『現代日本の階層構造2　階層意識の動態』東京大学出版会：149-172。

NHK 放送文化研究所［2015］『現代日本人の意識構造［第八版］』NHK 出版。

Noble, Greg［2009］"Everyday Cosmopolitanism and the Labour of Intercultural Community," Wise, Amanda and Velayutham, Selvaraj (eds.), *Everyday Multiculturalism*：46-65.

野沢慎司［2009］『ネットワーク論に何ができるか──「家族・コミュニティ問題」を解く』勁草書房。

大石奈々［2018］「高度人材・専門人材をめぐる受入れ政策の陥穽──制度的同型化と現実」『社会学評論』68(4)：549-566。

尾嶋史章［2002］「社会階層と進路形成の変容──90年代の変化を考える」『教育社会学研究』70：125-142。

──────［2011］「妻の就業と所得格差」佐藤嘉倫・尾嶋史章編『現代の階層社会1　格差と多様性』東京大学出版会：113-127。

岡田努［1993］「現代青年の友人関係に関する考察」『青年心理学研究』5：43-55。

──────［1995］「現代大学生の友人関係と自己像・友人像に関する考察」『教育心理学研究』43(4)：1-10。

──────［2007］「大学生における友人関係の類型と，適応及び自己の諸側面の発達の関連について」『パーソナリティ研究』15(2)：135-148。

岡田陽介［2018］「期日前投票制度の定着と促進要因──福島県民に対する政治意識調査よ

り」『拓殖大学政治行政研究』9：81-94。

岡本英雄・直井優・岩井八郎［1990］「ライフコースとキャリア」岡本英雄・直井道子編『現代日本の階層構造4　女性と社会階層』東京大学出版会：63-89。

大沢真理［2007］『現代日本の生活保障システム──座標とゆくえ』岩波書店。

大槻茂実［2018］「多文化共生社会に向けて──外国人との交流経験の再考」『都市社会研究』10：13-29。

Ohtsuki, Shigemi［2018］"Determinants of Open Attitudes towards Foreign Nationals in Japan," *Societies Without Borders* 12(2)：1-31.

ピケティ，トマ［2014］『21世紀の資本』山形浩生・守岡桜・森本正史訳，みすず書房。

Portes, Alejandro and Min Zhou［1993］"The New Second Generation：Segmented Assimilation and Its Variants," *The Annals of the American Academy of Political and Social Science* 530：74-96.

ポルテス，アレハンドロ／ルベン・ルンバウト［2014］『現代アメリカ移民第二世代の研究──移民排斥と同化主義に代わる「第三の道」』村井忠政他訳，明石書店。

Reiss, Albert J.（ed.）［1961］*Occupations and Social Status,* Free Press of Glencoe.

Rosenstone, Steven J.［1982］"Economic Adversity and Voter Turnout," *American Journal of Political Science* 26(1)：25-46.

Rytina, Steve［1992］"Scaling the Intergenerational Continuity of Occupation：Is Occupational Inheritance Ascriptive After All ?" *American Journal of Sociology* 97(6)：1658-1688.

齋藤僚介［2019］「国への誇り──「日本スゴイ」の原因は不満や不安なのか」『日本人は右傾化したのか』勁草書房：44-66。

─────［2020］「現代日本におけるリベラル・ナショナリズム──潜在クラス分析を用いた実証研究」『ソシオロジ』198：3-21。

境家史郎［2013］「戦後日本人の政治参加──『投票参加の平等性』論を再考する」『年報政治学』64(1)：236-255。

佐藤成基［2017］「カテゴリーとしての人種，エスニシティ，ネーション──ロジャース・ブルーベイカーの認知的アプローチについて」『社会志林』64(1)：21-48。

盛山和夫［1985］「『弱い紐帯の強さ』再考」原純輔・海野道郎編『数理社会学の現在』数理社会学研究会：163-174。

─────［1998］「階層帰属意識の準拠構造におけるジェンダー差」尾嶋史章編『1995年SSM調査シリーズ14　ジェンダーと階層意識』1995年SSM調査研究会：93-113。

千石保［1991］『「まじめ」の崩壊──平成日本の若者たち』サイマル出版会。

Shayo, Moses［2009］"A Model of Social Identity with an Application to Political Economy：Nation, Class, and Redistribution," *American Political Science Review* 103(2)：147-174.

白川俊之［2018］「職業移動の性差に関する研究──機会格差の特徴と趨勢の推定」吉田崇編『2015年SSM調査報告書3　社会移動・健康』2015年SSM調査研究会：65-103。

白波瀬佐和子［1999］「世代間移動の男女比較――国際比較の視点から」『社会学評論』
　50(1)：41-58。

白波瀬佐和子・竹ノ下弘久・田辺俊介・永吉希久子・石田賢示・大槻茂実・安井大輔
　［2018］「「日本のくらしと仕事に関する全国調査」の概要と調査設計」保田時男編
　『2015年 SSM 調査報告書Ⅰ　調査方法・概要』2015年 SSM 調査研究会：201-240。

Solt, Frederick［2011］"Diversionary Nationalism: Economic Inequality and the For-
　mation of National Pride," *Journal of Politics* 73(3): 821-830.

総務省［2020］「住民基本台帳に基づく人口，人口動態及び世帯数のポイント（令和2年1
　月 1 日現在）」https://www.soumu.go.jp/main_sosiki/jichi_gyousei/daityo/jinkou_
　jinkoudoutai-setaisuu.html（最終閲覧 2021年3月31日）。

総務省統計局［2021］「労働力調査」https://www.stat.go.jp/data/roudou/index.html（最終
　閲覧 2021年6月20日）。

Sørensen, Annemette［1994］"Women, Family, and Class," *Annual Review of Sociology*
　20: 27-47.

Stewart, Alexander, Kenneth Prandy and Robert M. Blackburn［1980］*Social Stratifi-
　cation and Occupation,* Holmes & Meier.

杉田真衣［2015］『高卒女性の12年――不安定な労働，ゆるやかなつながり』大月書店。

Szelenyi, Szonja［1994］"Women and the Class Structure," David B. Grusky（ed.),
　Social Stratification: Class, Race and Gender in Sociological Perspective, Westview
　Press: 577-582.

高田洋［2011］「サービス業化社会における社会参加と投票態度」斎藤友里子・三隅一人編
　『現代の階層社会3　流動化のなかの社会意識』東京大学出版会：357-370。

高原基彰［2006］『不安型ナショナリズムの時代――日韓中のネット世代が憎みあう本当の
　理由』洋泉社。

Takenoshita, Hirohisa［2013］"Labour Market Flexibilisation and the Disadvantages of
　Immigrant Employment: Japanese-Brazilian Immigrants in Japan," *Journal of Eth-
　nic and Migration Studies* 39(7): 1177-1195.

田辺俊介［2010］『ナショナル・アイデンティティの国際比較』慶応義塾大学出版会。

―――――［2011］「「政党」支持の時代変遷――階層は政党といかに関わってきたか」藤友里
　子・三隅一人編『現代の階層社会3　流動化のなかの社会意識』東京大学出版会：47-
　62。

―――――［2018］「現代日本社会における排外主義の現状――計量分析による整理と規定要
　因の検討」樽本英樹編『排外主義の国際比較――先進諸国における外国人移民の実態』
　ミネルヴァ書房：259-287。

―――――［2021］「現代日本社会におけるナショナリズムの類型とその担い手――時点間の
　差異に着目した計量分析」『社会学年誌』62：127-142。

田辺俊介編［2011］『外国人へのまなざしと政治意識――社会調査で読み解く日本のナショ
　ナリズム』勁草書房。

田中重人［2000］「性別役割分業を維持してきたもの」盛山和夫編『日本の階層システム4　ジェンダー・市場・家族』東京大学出版会：93-110。

谷富夫［2013］「都市とエスニシティ——人口減少社会の入口に立って」『日本都市社会学会年報』31：35-60。

谷口将紀［2012］『政党支持の理論』岩波書店。

太郎丸博［2000］「階層制の神話」高坂健次編『日本の階層システム6　階層社会から新しい市民社会へ』東京大学出版会：161-180。

————［2009］『若年非正規雇用の社会学——階層・ジェンダー・グローバル化』大阪大学出版会。

立山徳子［2006］「都市度による親族ネットワークの空間分布と子育てサポート」澤口恵一・神原文子編『第2回家族についての全国調査（NFRJ03）第2次報告書No.2——親子，きょうだい，サポートネットワーク』日本家族社会学会全国家族調査委員会：45-58。

————［2011］「都市空間の中の子育てネットワーク——「家族・コミュニティ問題」の視点から」『日本都市社会学会年報』29：93-109。

轟亮［2011］「階層意識の分析枠組——価値意識を中心として」斎藤友里子・三隅一人編『現代の階層社会3　流動化のなかの社会意識』79-91。

苫米地なつ帆［2012］「教育達成の規定要因としての家族・きょうだい構成——ジェンダー・出生順位・出生間隔の影響を中心に」『社会学年報』41：103-114。

————［2018］「教育達成にきょうだい構成が与える影響の趨勢分析」吉田崇編『2015年SSM調査報告書3　社会移動・健康』2015年SSM調査研究会：149-163。

Treiman, Donald R.［1970］"Industrialization and Social Stratification," *Sociological Inquiry* 40：207-234.

Treiman, Donald R.［1977］*Occupational Prestige in Comparative Perspective,* Academic Press.

都築一治編［1998］『1995年SSM調査シリーズ5　職業評価の構造と職業威信スコア』1995年SSM調査研究会。

牛島千尋［1995］『ジェンダーと社会階級』恒星社厚生閣。

打越文弥・麦山亮太［2020］「日本における性別職域分離の趨勢——1980-2005年国勢調査集計データを用いた要因分解」『人口学研究』56：9-23。

Verba, Sidney, Kay L. Schlozman, and Henry E. Brady［1995］*Voice and Equality: Civic Voluntarism in American Politics,* Harvard University Press.

ヴァーバ，シドニー／ノーマンH.ナイ／キム・ジェーオン［1981］『政治参加と平等——比較政治学的分析』三宅一郎・蒲島郁夫・小田健訳，東京大学出版会。

脇田彩［2021］「ジェンダーと職業威信——ジェンダー・ステレオタイプに注目して」『理論と方法』36：51-64。

Walby, Sylvia［1986］"Gender, Class and Stratification: Towards a New Approach," Crompton, Rosemary and Mann, Michael（eds.），*Gender and Stratification,* Polity Press：23-39.

渡辺深［1991］「転職──転職結果に及ぼすネットワークの効果」『社会学評論』42(1)：2-16。

──── ［2003］「就職と転職におけるネットワークの効果」日本労働研究機構『転職のプロセスと結果』資料シリーズ No. 137：71-98。

ワッツ，ダンカン［2004］『スモールワールド・ネットワーク──世界を知るための新科学的思考法』辻竜平・友知政樹訳，阪急コミュニケーションズ。

Wegener, Bernd［1991］"Job Mobility and Social Ties: Social Resources, Prior Job and Status Attainment," *American Sociological Review* 56：60-71.

──── ［1992］"Concepts and Measurement of Prestige," *Annual Review of Sociology* 18：253-280.

Wise, Amanda［2016］"Becoming Cosmopolitan: Encountering Differences in A City of Mobile Labour", *Journal of Ethnic and Migration Studies* 42(14)：2289-2308.

Wright, Erik Olin［1997］*Class Counts,* Cambridge University Press.

山縣文治・中谷奈津子［2013］『住民主体の地域子育て支援──全国調査にみる「子育てネットワーク」』明石書店。

山口一男［2017］『働き方の男女不平等──理論と実証分析』日本経済新聞出版社。

山根真理［2017］「育児援助ネットワーク研究の視点──地域と親族関係」『日本家政学会誌』68(8)：439-445。

大和礼子［2003］「育児ネットワークと性分業意識」木脇奈智子編『育児をめぐるジェンダー関係とネットワークに関する実証研究』（平成13-14年度科学研究費補助金研究成果報告書）羽衣学園短期大学：8-29。

安田三郎［1971］『社会移動の研究』東京大学出版会。

──── ［1973］『現代日本の階級意識』有斐閣。

安野智子［2015］「2013年参議院議員選挙における資産効果」『選挙研究』31(1)：84-101。

余田翔平［2012］「子ども期の家族構造と教育達成格差──二人親世帯／母子世帯／父子世帯の比較」『家族社会学研究』24：60-71。

横山智哉［2017］「日本における「階層政治」を再考する──階層帰属意識に基づく有権者の投票行動」平野浩編『2016年度参加者公募型二次分析研究会　現代日本人の政治意識と投票行動に関するデータの二次分析　成果報告書』47-56。

米田幸弘［2018］「自民党支持層の趨勢的変化──その「保守」的性格の変質」石田淳編『2015年 SSM 調査報告書8　意識Ⅰ』165-185。

Yoo, In Tae［2018］"When Does It Get Worse? Economic Inequality, Nationalism and Japan-ROK Dissension," *Korea Observer* 49(3)：517-541.

依光正哲編［2003］『国際化する日本の労働市場』東洋経済新報社。

吉田崇［2021］「女性のライフコースとキャリア形成格差」渡邊勉・吉川徹・佐藤嘉倫編『少子高齢社会の階層構造2　人生中期の階層構造』81-93。

Yu, Wei-Hsin［2009］*Gendered Trajectories: Women, Work, and Social Change in Japan and Taiwan,* Stanford University Press.

184

周燕飛［2014］『母子世帯のワーク・ライフと経済的自立』JILPT 研究双書。
─────［2021］「コロナショックの被害は女性に集中」労働政策研究・研修機構『新型コロナウイルス感染拡大の雇用・就業への影響2020』157-161。

索　引

《執筆者紹介》（執筆順，＊は編著者）

＊田 辺 俊 介（たなべ しゅんすけ）[序章，第1章(訳)，第9章]
　　東京都立大学大学院社会科学研究科博士課程単位取得退学，（博士　社会学）
　　早稲田大学文学学術院教授
　　主著として "Sociological studies on nationalism in Japan"（*International Sociology* 36(2)，
　　2021），『日本人は右傾化したのか──データ分析で実像を読み解く』（編著，勁草書房，2019年），
　　『ナショナル・アイデンティティの国際比較』（慶應義塾大学出版会，2010年）

＊林　　拓 也（はやし たくや）[序章，第1章(訳)，第2章]
　　東京都立大学大学院社会科学研究科博士課程単位取得退学
　　奈良女子大学研究院教授
　　主著として『職業間距離の計量社会学──人々の意識からみる職業の多次元構造』（ナカニシヤ出
　　版，2019年），「職業アスピレーション再考──職業間類似判定と選好度データに基づく計量分析」
　　（『社会学評論』63(3)，2012年），『流動化と社会格差』（共著，ミネルヴァ書房，2002年）

＊石 田 光 規（いしだ みつのり）[序章，第6章]
　　東京都立大学大学院社会科学研究科博士課程単位取得退学（博士　社会学）
　　早稲田大学文学学術院教授
　　主著として『「人それぞれ」がさみしい』（ちくまプリマー新書，2022年），『友人の社会史』（晃洋
　　書房，2021年），『孤立不安社会』（勁草書房，2018年），『つながりづくりの隘路』（勁草書房，2015
　　年）

　中 尾 啓 子（なかお けいこ）[第1章]
　　Ph. D. in Social Sciences University of California, Irvine
　　東京都立大学人文科学研究科教授
　　主著として *Advanced Studies in Behaviormetrics and Data Science*（共著，Springer，2020），
　　『現代の階層社会　第2巻　階層と移動の構造』（共編，東京大学出版会，2011年），"Sociological
　　Work in Japan."（*Annual Review of Sociology* 24，1998），"Updating Occupational Prestige and
　　Socioeconomic Scores : How the New Measures Measure Up."（共著，*Sociological Methodolo-
　　gy* 24，1994）

　脇 田　　彩（わきた あや）[第3章]
　　首都大学東京大学院人文科学研究科博士後期課程単位取得満期退学（博士　社会学）
　　お茶の水女子大学基幹研究院人間科学系助教
　　主著として「ジェンダーと職業威信──ジェンダー・ステレオタイプに注目して」（『理論と方法』
　　36(1)，2021年），「地域の階層格差と生活満足度」（『年報社会学論集』30，2017年）

大 槻 茂 実（おおつき　しげみ）［第4章］

東京都立大学大学院社会科学研究科博士課程単位取得退学（博士　社会学）
東京都立大学都市環境学部都市政策科学科准教授
主著として『少子高齢社会の階層構造2　人生中期の階層構造』（共著，東京大学出版会，2021年），「多文化共生社会に向けて──外国人との交流経験の再考」（『都市社会研究』10，2018年），『郊外社会の分断と再編──つくられたまち・多摩ニュータウンのその後』（共著，晃洋書房，2018年）

斉 藤 裕 哉（さいとう　ゆうや）［第5章］

東京都立大学大学院人文科学研究科博士後期課程
主著として「読解力形成に与えるひとり親世帯の影響の検討── PISA2000・PISA2009・PISA2012を用いた時点間比較」（『社会学論考』35，2014年）

星　　敦 士（ほし　あつし）［第7章］

東京都立大学大学院社会科学研究科博士課程単位取得退学
甲南大学文学部教授
主著として「育児期におけるサポート・ネットワークの構造とその変化」（『甲南大學紀要　文学編』169，2019年），「家内領域と公共領域の組み合わせからみた育児サポートネットワークの多様性」（『人口問題研究』72(2)，2016年），『社会ネットワークのリサーチ・メソッド』（共著，ミネルヴァ書房，2010年）

桑 名 祐 樹（くわな　ゆうき）［第8章］

東京都立大学大学院人文科学研究科博士後期課程／日本学術振興会特別研究員
主著として「政治的資源と投票参加意向の関係──所得と労働時間に着目した個人間・個人内効果の分析」（『年報社会学論集』33，2020年），『日本人は右傾化したのか──データ分析で実像を読み解く』（共著，勁草書房，2019年）

格差と分断／排除の諸相を読む

2022年2月28日　初版第1刷発行	＊定価はカバーに 表示してあります

	林		拓	也	
編著者	田	辺	俊	介	ⓒ
	石	田	光	規	
発行者	萩	原	淳	平	
印刷者	江	戸	孝	典	

発行所　株式会社　晃洋書房

〒615-0026　京都市右京区西院北矢掛町7番地
電話　075(312)0788番(代)
振替口座　01040-6-32280

装幀　安藤紫野	印刷・製本　共同印刷工業㈱

ISBN978-4-7710-3590-4